अज्ञेय के उद्धरण

चयन एवं सम्पादन

नन्दकिशोर आचार्य

राजकमल प्रकाशन

रज़ा पुस्तक माला : संचयन

प्रधान सम्पादक : अशोक वाजपेयी | सम्पादक : पीयूष दईया

राजकमल प्रकाशन प्रा.लि. और रज़ा फ़ाउण्डेशन का सह-प्रकाशन

ISBN-978-93-88753-15-9

मूल्य : ₹199

पहला संस्करण : 2019

दूसरा संस्करण : 2023

प्रकाशक : राजकमल प्रकाशन प्रा. लि.

1-बी, नेताजी सुभाष मार्ग, दरियागंज

नई दिल्ली-110 002

शाखाएँ : अशोक राजपथ, साइंस कॉलेज के सामने, पटना-800 006

पहली मंज़िल, दरबारी बिल्डिंग, महात्मा गांधी मार्ग, प्रयागराज-211 001

वेबसाइट : www.rajkamalprakashan.com

ई-मेल : info@rajkamalprakashan.com

मुद्रक : बी.के. ऑफसेट

नवीन शाहदरा, दिल्ली-110 032

AGYEYA KE UDDHARAN

Selected and Edited by Nandkishore Acharya

अज्ञेय के उद्धरण

संचयन

रज़ा फ़ाउण्डेशन | THE RAZA FOUNDATION

आमुख

कलाओं में भारतीय आधुनिकता के एक मूर्धन्य सैयद हैदर रज़ा एक अथक और अनोखे चित्रकार तो थे ही उनकी अन्य कलाओं में भी गहरी दिलचस्पी थी। विशेषत: कविता और विचार में। वे हिन्दी को अपनी मातृभाषा मानते थे और हालाँकि उनका फ्रेंच और अँग्रेज़ी का ज्ञान और उन पर अधिकार गहरा था, वे, फ्रांस में साठ वर्ष बिताने के बाद भी, हिन्दी में रमे रहे। यह आकस्मिक नहीं है कि अपने कला-जीवन के उत्तरार्द्ध में उनके सभी चित्रों के शीर्षक हिन्दी में होते थे। वे संसार के श्रेष्ठ चित्रकारों में, २०-२१वीं सदियों में, शायद अकेले हैं जिन्होंने अपने सौ से अधिक चित्रों में देवनागरी में संस्कृत, हिन्दी और उर्दू कविता में पंक्तियाँ अंकित कीं। बरसों तक मैं जब उनके साथ कुछ समय पेरिस में बिताने जाता था तो उनके इसरार पर अपने साथ नवप्रकाशित हिन्दी कविता की पुस्तकें ले जाता था : उनके पुस्तक-संग्रह में, जो अब दिल्ली स्थित रज़ा अभिलेखागार का एक हिस्सा है, हिन्दी कविता का एक बड़ा संग्रह शामिल था।

रज़ा की एक चिन्ता यह भी थी कि हिन्दी में कई विषयों में अच्छी पुस्तकों की कमी है। विशेषत: कलाओं और विचार आदि को लेकर। वे चाहते थे कि हमें कुछ पहल करनी चाहिये। २०१६ में साढ़े चौरानवे वर्ष की आयु में उनकी मृत्यु के बाद रज़ा फ़ाउण्डेशन ने उनकी इच्छा का सम्मान करते हुए हिन्दी में कुछ नयी क़िस्म की पुस्तकें प्रकाशित करने की पहल *रज़ा पुस्तक माला* के रूप में की है, जिनमें कुछ अप्राप्य पूर्व प्रकाशित पुस्तकों का पुनर्प्रकाशन भी शामिल है। उनमें गाँधी, संस्कृति-

चिन्तन, संवाद, भारतीय भाषाओं से विशेषत: कला-चिन्तन के हिन्दी अनुवाद, कविता आदि की पुस्तकें शामिल की जा रही हैं। सभी पुस्तकों पर रज़ा साहब और उनके समकालीन मित्र चित्रकारों आदि की प्रतिकृतियाँ आवरणों पर होंगी।

रज़ा पुस्तक माला के अन्तर्गत हम अपने मूर्धन्य लेखकों के उद्धरणों के संचयन की एक सीरीज़ प्रकाशित कर रहे हैं। मंशा यह है कि उद्धरणों को पढ़कर सामान्य पाठक इन लेखकों की मूल कृतियों को पढ़ने के लिए लालायित हों। पहला ऐसा संचयन मुक्तिबोध के उद्धरणों का था। दूसरा यह संचयन अज्ञेय का है जिसे वरिष्ठ कवि-आलोचक-नाटककार-चिन्तक नन्दकिशोर आचार्य ने तैयार किया है। वे अज्ञेय के बरसों तक निकट थे।

अशोक वाजपेयी
दिसम्बर २०१८, नयी दिल्ली

चयन के बारे में
नन्दकिशोर आचार्य

चयन के बारे में

अज्ञेय का लेखन इतना विपुल और वैविध्यपूर्ण है कि उसमें से उद्धरणों के एक चयन की बात सोचते ही पहला सवाल तो उसकी क्रम-प्रक्रिया को लेकर ही सामने आया। लगभग सभी साहित्यिक विधाओं में उत्कृष्ट लेखन के साथ-साथ अज्ञेय ने मानव-जीवन और समाज से जुड़ी सभी समस्याओं पर भी स्वतन्त्र रूप से सम्यक् विचार किया है। एक आसान तरीक़ा तो यह हो सकता था कि कालक्रम की दृष्टि से चयन कर लिया जाय। लेकिन, इसमें पाठक के लिए यह समस्या हो सकती थी कि ये सब उद्धरण आपस में इतने गड्डमड्ड हो गये होते कि उसे इनमें किसी अन्तस्सूत्र को तलाश पाना बहुत मुश्किल होता। साथ ही, इस गड्डमड्ड के कारण चयनकर्ता की दृष्टि की गड्डमड्डता भी उजागर हो पाती। हर चयन चयनकर्ता की दृष्टि का भी परिचायक होता है। एक चयनकर्ता के नाते मेरे लिए भी यह आवश्यक था कि उस वैविध्य के अन्तस्सूत्र की भी तलाश करने का प्रयास करूँ।

इस तलाश में अज्ञेय के लेखन को उलटते-पलटते हुए मेरा ध्यान इस बात पर गया कि अज्ञेय के लिए न केवल साहित्य बल्कि पूरा मानव-जीवन ही मूल्यान्वेषण की प्रक्रिया है क्योंकि उनके अनुसार, मानव एक मूल्य-स्रष्टा प्राणी है; यही वह बात है जो उसे अन्य प्राणियों से विशिष्ट बनाती है। मूल्यान्वेषण और मूल्यानुभूति की गत्यात्यक प्रक्रिया ही संस्कृति है, जिसमें व्यक्ति, परिवार, समाज आदि के आपसी सम्बन्धों के साथ-साथ श्रम और सम्पत्ति के विभाजन और उपयोग, राजनीति आदि से जुड़े सवालों के समाधान तथा 'प्राणि-मात्र से ही नहीं', वस्तु-मात्र से हमारे

सम्बन्धों का निरूपण और निर्धारण होता है।

मुझे लगा कि इस क्रम निर्धारण में पहले स्थान पर अज्ञेय के संस्कृति-सम्बन्धी चिन्तन को रखना श्रेयस्कर होगा क्योंकि वह मनुष्य और उसके जीवन के सभी पहलुओं के केन्द्र में है। संस्कृति का उत्स, अज्ञेय के अनुसार, काल-बोध में है इसलिए उससे जुड़े अन्य सवालों को भी मोटे तौर पर उसमें ही शामिल माना जा सकता था।

इस क्रम से आरम्भ करने पर सहज ही केन्द्रीय मूल्य स्वतन्त्रता और उनसे जुड़े सवालों को अलगे चरण में रख पाना उचित लगा और साहित्य क्योंकि मूल्यान्वेषण की प्रक्रिया है, अतः भाषा, साहित्य आदि से जुड़े चिन्तन से चयन किये जाने वाले उद्धरणों का क्रम भी तय हो गया। आगे एक मुश्किल आयी।

राजनीति, अर्थ-व्यवस्था, अन्तर्वैयक्तिक सम्बन्धों, तकनीकी और आधुनिक मानसिकता आदि से जुड़े सवालों पर उनके उद्धरणों को अलग-अलग शीर्षकों में रखने पर चयन की सीमा के कारण वे बहुत छोटे खण्ड हो जाते। इसलिए, यह उचित लगा कि उन्हें 'विविध' शीर्षक से एक साथ दो खण्डों में दे दिया जाय। पाठक देखेंगे कि ये दो खण्ड भी मोटे तौर पर कुछ अलग पहचान रखते हैं।

कवितांशों को मुझे अलग से देना मुझे इसलिए ठीक लगा कि कविता मूलतः अनुभूत्यात्मक होने के कारण किसी अवधारणा की तरह 'रिड्यूस' नहीं की जा सकती। अनुभूति रूप होने के कारण उसे केवल कविता की तरह प्रस्तुत करना ही बेहतर लगा। वह किसी मूल्य की ओर ले जाती भी है तो किसी अवधारणा की तरह नहीं, बल्कि एक संश्लिष्ट संवेदन की तरह।

इस चयन से गुज़रते हुए पाठक को यह महसूस हो सकता है कि अज्ञेय जब किसी दार्शनिक या तर्कशास्त्रीय गुत्थी पर भी विचार करते हैं तो उनका चिन्तन अधिकांशतः किसी अकादेमिक दार्शनिक की तरह का नहीं, बल्कि एक संवेदनात्मक दृष्टि, या कहें कि कवि-दृष्टि से किया गया चिन्तन होता है। किसी पाठक को इसलिए कभी-कभी उसमें कुछ विरोधाभास का अनुभव हो सकता है। उदाहरण के लिए, जब वह कहते हैं कि वह एम.एन. राय के विचारों की तरफ़ आकर्षित हैं तथा साथ ही,

विनोबा भावे के विचारों की तरफ़ भी, तो शुद्ध तार्किक, तत्त्वमीमांसीय या राजनीतिक दृष्टि से देखने पर यह एक विरोधाभासी कथन लग सकता है लेकिन जो कवि-दृष्टि नैतिक संवेदन को केन्द्र में रखती है, वह पहचान पाती है कि अवधारणात्मक विरोधाभास के बावजूद एक संवेदनात्मक संगति, मूल्य-संवेदन की संगति उनमें है। अकादेमिक संगति और कवि-दृष्टि की संगति में यही फ़र्क़ है। अज्ञेय का चिन्तन कवि-दृष्टि का चिन्तन है, अकादेमिक नहीं। शायद, इसलिए इस कवि-दृष्टि के विमर्शात्मक चिन्तन और कविताओं के बीज-संवेदन का अहसास भी सुधी पाठकों को हो सकेगा।

मैं जानता हूँ कि इस चयन में बहुत कुछ छूट गया है, लेकिन हर चयन की कुछ सीमा तो होती ही है। पाठक यदि इन मोटी रेखाओं के सहारे अज्ञेय के चिन्तन और कवि-कर्म की विपुलता, विविधता और सूक्ष्मता में प्रवेश करने की प्रेरणा पा सकें, तो यही इस चयन की सार्थकता होगी। अज्ञेय के कवि-कर्म और चिन्तन के द्वन्द्वों-समाधानों और प्रक्रियाओं-निष्कर्षों में ऐसा बहुत कुछ है जो किसी भी समय के लेखक-पाठक के लिए सदैव प्रासंगिक रहेगा।

मैं रज़ा फ़ाउण्डेशन का आभारी हूँ कि उसने एक ऐसे काम का दायित्व मुझे सौंपा, जिसे मैं बहुत पहले—अज्ञेय के जीवनकाल में ही—करना चाहता था। यही कारण रहा कि अशोक वाजपेयी ने जब यह प्रस्ताव मेरे समक्ष रखा तो मैंने तत्काल उत्साहपूर्वक स्वीकार कर लिया। इस चयन को अज्ञेय के एक पाठक द्वारा अन्य सहधर्माओं को एक विनम्र भेंट मात्र भी समझा जाय तो मैं कृतज्ञता अनुभव करूँगा।

नन्दकिशोर आचार्य
सुथारों की बड़ी गुवाड,
बीकानेर-३३४००५

क्रम

संस्कृति

१.

संस्कृति मूलतः एक मूल्य-दृष्टि और उससे निर्दिष्ट होने वाले निर्माता प्रभावों का नाम है—उन सभी निर्माता प्रभावों का नाम है—उन सभी निर्माता प्रभावों का जो समाज को, व्यक्ति को, परिवार को, सबके आपसी सम्बन्धों को, श्रम और सम्पत्ति के विभाजन और उपयोग को, प्राणि-मात्र से ही नहीं, वस्तु-मात्र से हमारे सम्बन्धों को, निरूपित और निर्धारित करते हैं।

२.

मूल्य-दृष्टि की चेतना मूल्यों की अर्थवत्ता की अनवरत खोज की प्रक्रिया है। अर्थवत्ता की यह खोज मूल्यों की प्रत्यभिज्ञा तक ही सीमित नहीं रह सकती बल्कि उनका पुनर्मूल्यांकन और प्रमाणीकरण भी करती चलती है और वैसा करना अपना अनिवार्य कर्तव्य मानती है...कोई भी चेतना-सम्पन्न संस्कृति एक जिज्ञासु भाव अथवा प्रश्नाकुलता लिये रहती है और प्रश्न पूछने का यह सामर्थ्य, इस आकुलता की मात्रा, उसकी जीवन्तता, उसके चैतन्य की माप हो सकती है।

३.

सारे समाज का पुंजित अनुभव रचना में लगने पर उससे जो आनन्दमयी सृष्टि होती है, वही संस्कृति है। अगर वह सृष्टि नहीं है तो संस्कृति नहीं

है; अगर आनन्दमयी नहीं है तो भी वह संस्कृति नहीं है और अगर उसका आधार पूरे समाज का अनुभव—समाजव्यापी सत्य नहीं है तो भी वह संस्कृति नहीं है।

४.

संस्कृति जीवित हो, इसके लिए उसमें एक सजग नियति-बोध—सेंस ऑफ़ डेस्टिनी—होना चाहिए। वही आज हममें नहीं है। गाँधी के समय तक वह था। नेहरू में भी वह था—जब तक कि चीन ने उन्हें झँझोड़कर वह निकाल नहीं दिया। (दोनों में उसके मूल-स्रोत अलग-अलग थे, इससे कोई अन्तर नहीं पड़ता।) आज किसी 'नेता' में ऐसा बोध नहीं है, न किसी समाज में है, न पूरे राष्ट्र-समाज में है; सारा देश एक टुक्कड़खोर ज़िन्दगी जी रहा है—क्या राजनीति में, क्या संस्कृति में, क्या शिक्षा में, क्या धर्म में...हाथ अगर टुक्कड़ मुँह तक पहुँचाने में व्यस्त नहीं है तो टुक्कड़ ही भीख माँगने के लिए पसरा हुआ है।

५.

सेक्युलर होना धर्मरहित होना या धर्म-निरपेक्ष भी होना नहीं है; वह मानवधर्मी होना है। सब वस्तुओं की माप मानव है, सब मूल्यों का स्रोत मानव है, इसका वास्तविक अभिप्राय यह है कि मानव मूल्यों की सृष्टि करता है। पशुतावाद से मानवतावाद तभी और वहीं अलग होता है जब हम यह पहचानते हैं कि जीव-विकास क्रम में मानव पहला प्राणी है जो सिर्फ़ जीवन के लिए नहीं जीता, जो मूल्यों की सृष्टि करता है। प्राण-रक्षा या सर्वाइवल प्राणि-मात्र के लिए है; मानव ऐसे मूल्य की उद्भावना और अवधारणा करता है जो उससे बड़ा है। मानव से बड़ा मानव-मूल्य : यह विरोधाभास मानवपरक नैतिकता का मूल प्रश्न—और उस प्रश्न का सम्पूर्ण उत्तर है। मानव से बड़ा मानव-मूल्य, जीवन से बड़ा जीवन-मूल्य। मानव पहला प्राणी है जिसने ऐसा कुछ पाया है, जिसके लिए प्राण भी दिये जा सकते हैं, और यह 'ऐसा कुछ' स्वयं मानव की सृष्टि है।

६.

ऐतिहासिक परम्परा कोई पोटली बाँधकर रखा हुआ पाथेय नहीं है जिसे उठाकर हम चल निकलें। वह रस है जिसे हम बूँद-बूँद अपने में संचय करते हैं—या नहीं करते, कोरे रह जाते हैं।

७.

भारतीयता का पहला लक्षण या गुण है सनातन की भावना, काल की भावना, काल के आदिहीन, अन्तहीन प्रवाह की भावना—और काल केवल वैज्ञानिक दृष्टि से दोनों की सरणी नहीं, काल हम से, भारतीय जाति से सम्बद्ध विशिष्ट और निजी क्षणों की सरणी के रूप में।

८.

सनातन की भावना लम्बी काल-परम्परा की भावना नहीं, काल की अयथार्थता की भावना है।

९.

जिसे हम भारत की आत्मा कहते हैं, वह वास्तव में आत्म और अनात्म का, जीवित और जड़ का एक पुंज है, जिसकी परीक्षा की आवश्यकता है, परीक्षा करके जड़ को अलग रख देना होगा—चाहे पुरातत्त्व संग्रहालय में ही—और जीवित को आगे बढ़ाना होगा। और आगे तीसरा परिणाम यह भी निकलता है कि आज बहुधा भारतीय संस्कृति के जड़ तत्त्वों को ही भारतीयता माना जाता है। कुछ लोग भारतीयता के समर्थन के नाम पर निरी जड़ता का समर्थन करते हैं; कुछ दूसरे जड़ता के विरोध के नाम पर संस्कृति से ही इनकार करना चाहते हैं।

१०.

अमरत्व का अर्थ अनन्तकाल तक जीवित रहना नहीं हो सकता, क्योंकि

वह तो अनन्त काल तक मरते रहने का ही दूसरा नाम है। अमरत्व तभी सार्थक है जब वह काल-निरपेक्ष हो—अर्थात् जब वह एक अनुभूति हो, एक मनोदशा हो, एक दृष्टि हो। या तो मैं इस क्षण में अमर हूँ, या कभी नहीं हूँ।

११.

सभ्यता जब अपनी अद्वितीयता का दावा करती है तब एक सीमा भी स्वीकार करती है। हर दूसरी सभ्यता उतनी ही अद्वितीय है। अतः एक का दूसरी में सम्पूर्ण प्रवेश सम्भव नहीं है और एक के बारे में दूसरी का कोई मूल्यपरक निर्णय अर्थवान् नहीं हो सकता—उस दूसरी सभ्यता की व्यावहारिक सुविधा के बाहर। क्योंकि अपने से भिन्न सभ्यता से आनुभविक स्तर पर सम्पूर्ण एकात्मकता नहीं हो सकती (नहीं तो अद्वितीयता का क्या अर्थ है) : उसका 'मूल्यांकन' ऐतिहासिक सार्थकता रख सकता है, वह सहानुभूतिपूर्ण भी हो सकता है; और पर्यवेक्षक का लम्बा तथा सहानुभूतिपूर्ण सम्पर्क रहा हो, और उसमें समानुभव (एम्पैथी) की प्रतिभा भी रही हो, तो वह ऐतिहासिक मूल्यांकन अन्तर्दृष्टियों का आलोक भी पा सकता है—और इस प्रकार एक अतिरिक्त महत्त्व पा सकता है। फिर भी वह अन्ततः और अपरिहार्यतः बाहर का है, और इस सीमा का अतिक्रमण करने का कोई उपाय हो ही नहीं सकता—अद्वितीयता की प्रतिज्ञा ही उसे असम्भव बना देती है।

१२.

संस्कृतियों के उदय-विलय का इतिहास बहुत कुछ उनके पूजित प्रतीकों के विकास-ह्रास का इतिहास होता है। और सबके सब प्रतीक हैं हमारी अपनी सृष्टि—क्योंकि मानवेतर कोई प्राणी प्रतीक-स्रष्टा नहीं होता। यानी प्रतीक हमने बनाये हैं, वे हमारी सुविधा के साधन और प्रमाण हैं—पर साथ ही हमारे जीवन का हर क़दम प्रतीकों से बँधा है, प्रतीकों द्वारा नियन्त्रित है। प्रतीक की सृष्टि से हम मुक्त हुए : तब से यह संकट हमारे सामने है कि कहीं हम प्रतीकों के ग़ुलाम न हो जायें।

१३.

अवस्थिति का अद्वितीय बोध भारतीय चरित्र की एक विशेषता है। यह भी कह सकते हैं कि निरक्षर भारतीय में ऐसी चेतना उन लोगों की अपेक्षा अधिक है जो कि आधुनिक शिक्षा नाम की चक्की में से पिसकर निकले हैं।

और मेरा विचार है कि यह अवस्थिति-बोध उस कमी को पूरा कर देता है जिसका आरोप भारतीयों पर प्रायः किया जाता है—कि उनमें इतिहास-बोध नहीं है। अवस्थिति तात्कालिक है, व्यापक है और जहाँ इतिहास की बात है, यह स्पष्ट है कि इतिहास को प्रभावित करने की बात तो दूर, इतिहास का अंग बने बिना भी इतिहास में जिया जा ही सकता है।

१४.

प्रश्न क्या हमारे मूल्यों के वरीयता-क्रम में परिवर्तन का ही है? या कि समूची मूल्य-व्यवस्था को उखाड़कर दूसरी व्यवस्था को प्रतिष्ठित करने का?

यदि मूल्यों का नया उच्चावच क्रम प्रस्तुत करना आवश्यक है, तो क्या यह काम अतीत के साथ अपने सम्बन्ध तोड़े बिना सम्भव हो सकता है? लेकिन अतीत अनुभव से सम्बन्ध तोड़ देने से क्या अस्मिता और आत्मबोध भी नष्ट नहीं हो सकता? क्या 'आइडेंटिटी क्राइसिस' यही नहीं होता? अस्मिता अथवा आइडेंटिटी के संकटापन्न होने से चित्त में आक्रामकता तथा हिंसा का संचय होता है—और हिंसाभाव जीवन की गुणात्मकता को अवश्य विकृत करेगा।

या कि इसी प्रश्न को दूसरी तरह भी प्रस्तुत किया जा सकता है : यन्त्रोद्योग (टेक्नोलॉजी) पर आधारित समाज अधिकाधिक अतिनैतिक (नीति-विचार से परे) होता जाता है, ऐसे समाज में क्या हम किसी भी मूल्य-व्यवस्था पर कायम हो सकते हैं? क्या उसमें मूल्यों पर बल देने का अर्थ यही नहीं होगा कि ऐसे व्यक्ति को 'ज्ञान विरोधी', 'विज्ञान विरोधी', 'इतिहास विरोधी' मान लिया जाय—निरा 'परम्परावादी', 'रूढ़िवादी' घोषित कर दिया जाये?

मूल्यों की टकराहट का—वह टकराहट व्यक्तियों के बीच हो अथवा व्यक्तियों और समाजों के बीच अथवा समाजों-समाजों के बीच, कोई रचनात्मक उपयोग हो सकता है? यदि हो सकता है तो कैसे?

इसी प्रश्न को इससे भी भिन्न ढंग से पूछा जा सकता है : क्या कोई मानव-केन्द्रित, मानवतावादी आध्यात्मिकता सम्भव है? यदि हाँ, तो क्या उसकी कोई मोटी रूपरेखा बन सकती है?

१५.

कोई भी बड़ा मूल्य ऐसा नहीं है जिसके नाम पर अत्याचार न हुआ हो; और शायद यह भी कह सकते हैं कि कोई भी अत्याचार ऐसा नहीं है, जिसके साथ कोई मानव-मूल्य नहीं जोड़ा गया। मूल्य के, आदर्श के, धर्म के, देश के, समाज के, परम्परा के नाम पर मनुष्य मारे गये हैं, सूली चढ़ाये गये हैं, जलाये गये हैं, ज़िन्दा गाड़े गये हैं, हाथियों से रौंदवाये गये हैं, भूखे-प्यासे तड़पाये गये हैं, कुत्तों या दूसरे वन-पशुओं से नुचवाये गये हैं—लम्बी सूची है। मूल्यों के नाम पर घर फूँके गये हैं, युद्ध लड़े गये हैं, पुस्तकालय जलाये गये हैं, धर्म-स्थान ध्वस्त किये गये हैं, सामूहिक बलात्कार हुए हैं, जातियों को निर्मूल किया गया है। यह सब हुआ है : पर इस सबके बावजूद मानव की मूल्यों का सर्जन करने की प्रतिभा बनी रही है और विकसित होती रही है। और उस विकास के आधार पर ही वह देख सका है कि परसों के मूल्य कल की विसंगतियाँ और आज के अत्याचार हो गये—कि आज वे अप्रासंगिक हो गये क्योंकि नये मूल्यों के सन्दर्भ में उन्होंने अपनी पुरानी प्रासंगिकता खो दी। इसी प्रकार निरन्तर बदलता हुआ, निरन्तर नये प्रश्न उछालता हुआ मानव फिर भी स्वाधीन बना रह सकता है, अपने से बड़े कुछ का निर्माण करने की क्षमता बनाये रख सकता है, मूल्यों का स्रष्टा बना रह सकता है।

१६.

प्रदेशों, प्रदेशों की भाषाओं, प्रदेशों की संस्कृतियों में आपसी सहानुभूति, सहयोग-भावना और परस्पर-निर्भरता के विकास के लिए निरी जानकारी

नहीं, एक समग्र दृष्टि चाहिए। ऐतिहासिक पक्ष को ध्यान में रखें तो ऐसी समग्र दृष्टि न केवल प्रादेशिक संस्कृतियों और भाषाओं के अस्तित्व और अधिकारों को नकारेगी नहीं बल्कि यह भी स्वीकार करेगी कि प्राचीनतम काल से भारतीय भूमि पर अलग-अलग संस्कृतियाँ विकास पाती रही हैं, उनका स्वायत्त जीवन रहा है और अपनी-अपनी भाषा में ये प्रादेशिक संस्कृतियाँ अपने जीवन और अपने आदर्शों को अभिव्यक्ति देती रही हैं। इतना ही नहीं, जिन बड़े राज्यों ने प्रदेशों की स्वायत्तता को स्वीकार करके उनके सांस्कृतिक विकास को सहज रूप से होने दिया वे अपेक्षया स्थायी हुए और जिन बड़े राज्यों ने इन सांस्कृतिक प्रदेशों की सीमाओं को कृत्रिम रूप से जोड़ना-तोड़ना चाहा वे भीतरी फूट का शिकार होकर ही टूट गये।

लेकिन सही ऐतिहासिक दृष्टि प्रदेशों की सांस्कृतिक स्वायत्तता को पहचानते हुए यह भी पहचानेगी कि इन संस्कृतियों की प्रतिभा ने भी दोनों दिशाओं में विकास किया; एक तरफ़ प्रदेश के समग्र जीवन को अभिव्यक्ति देने की और दूसरी ओर उसे एक व्यापकतर इकाई के साथ जोड़ने की। जिन संस्कृतियों में इस दूसरे प्रकार का बोध नहीं रहा, या बहुत हीन रहा, वे स्वयं दुर्बल हो गयीं और क्रमशः नियति को प्राप्त हुईं—भले ही अन्त तक अपने को घिरा हुआ और आक्रान्त समझती हुईं। अगर वे निःशेष नहीं भी हो गयीं तो भी इस घिरे हुए और आक्रान्त होने के मनोभाव ने उनका विकास रोक दिया—वे 'जो था' उसकी रक्षा में लगकर जड़ परम्परावादी हो गयीं, जीवित और विकासमान संस्कृतियाँ नहीं रहीं।

१७.

निस्सन्देह परिवेश मानव जाति को प्रभावित करता है और करता रहा है; पर इतिहास उन प्रभावों का ब्यौरा नहीं है। इतिहास यह है कि मानवजाति कैसे अपने परिवेश को अपने प्रयोजन में लाती रही है। जहाँ इतिहास की दृष्टि मानव की स्वतन्त्रता और परिस्थिति को वश करने के उसके उद्यम से हटती है, वहीं इतिहास अमानवीय हो जाता है। कहना चाहिए कि ऐसा इतिहास—जिसने मानव को केन्द्र में न रखने के कारण उसे अप्रासंगिक बना दिया है—मानव के लिए अप्रासंगिक हो जाता है। केवल तथ्यों या समूह—घटनाओं का क्रम-विवरण इतिहास नहीं होता : घटना-क्रम के

सन्दर्भ में मानव की अनवरत आत्म-प्रत्यभिज्ञा ही इतिहास है।

१८.

जो सृष्टि-विद्या कृत अथवा सतयुग से आरम्भ करती है और कलि तक आती है तथा जो काल की चक्रावर्ती अवधारणा करती है, उसके लिए मावन-जीवन, विकास, इतिहास और स्वयं काल का भी वह अर्थ नहीं होगा जो ऐतिहासिक मनुष्य से आरम्भ करने वाली सृष्टि-विद्या के लिए होगा।

१९.

हमारी सभ्यता और संस्कृति ही अनेक-केन्द्रीय नहीं रही है, हमारा चिन्तन अनिवार्यतया अनेक-केन्द्रीय आधार लेकर चलता है। हम मनुष्य की ओर से सोच सकते हैं तो बन्दर या पेड़ की ओर से भी सोच सकते हैं—और ऐसा केवल विनोद के लिए नहीं, अवस्थिति को उसकी समग्रता में पहचानने के लिए अनिवार्य मानते हुए।

इस बहुकेन्द्रीयता को कई सन्दर्भों में रखा जा सकता है। ये सन्दर्भ न केवल उस बहु-केन्द्रीयता के स्वरूप और प्रभाव को स्पष्ट करेंगे बल्कि देश और जाति के इतिहास को समझने में भी महत्त्वपूर्ण स्थान रखते हैं। उन सन्दर्भों को ध्यान में रखते हुए ही हम ऐसी संस्कृति की संरचना को समझ सकते हैं जो एक तरफ़ तो वैविध्य पर आधारित है, किन्तु दूसरी तरफ़ न केवल दर्शन और चिन्तन वरन् भाव-स्रोतों की एकता का प्रबल आग्रह रखती है।

२०.

पुराण सनातन तत्त्व की खोज में रहता है। बदलाव उसमें भी आता है, वह भी स्वीकार करता है, लेकिन इस आग्रह के साथ कि वह परिवर्तन केवल सनातन तत्त्व के साथ अपने नये सम्बन्ध के कारण है, उस तत्त्व में किसी परिवर्तन के कारण नहीं। पुराण पुराने को झूठा नहीं करता, उसे नया करता

है। (पुरानवं करोति)।

२१.

जिस तरह काल की प्रतीति को हम जिस ढाँचे में रखते हैं—अथवा उसे उलटकर यों भी कह सकते हैं कि काल के जिस ढाँचे में हम काल की निजी प्रतीति को और अपने वर्तमान को रखते हैं—वह हमारे सारे इतिहास को और अपनी ऐतिहासिक स्थिति की समझ को प्रभावित करता है, उसी प्रकार दिक् की जिस संरचना में हम अपने को रखते हैं, उसी से हमारा सारा भूगोल निर्धारित होता है और फलतः दिक्काल-सातत्य में हमारी अवस्थिति भी निर्धारित और निरूपित होती है। कहने को तो हम कह सकते हैं कि दिक् का विस्तार एक वैज्ञानिक वास्तविकता है, भले ही उसका एक पौराणिक प्रतिरूप भी हो—कि यह पौराणिक प्रतिरूप केवल काल्पनिक या मिथकीय अस्तित्व रखता है। वस्तुतः दिक् के इस आयाम को पौराणिक अथवा मिथकीय कह देने से उसकी यथार्थता और उसकी प्रभावशीलता नष्ट नहीं हो जाती; हम केवल यथार्थ के एक दूसरे आयाम की अवधारणा कर रहे हैं, जो हमें उतनी ही व्यापकता से प्रभावित करता है।

जिस प्रकार काल की संरचना वर्तमान के उस बिन्दु से आरम्भ होती है जिस पर हम खड़े होते हैं—उसी प्रकार हमारी दिक् की संरचना भी उसी बिन्दु से आरम्भ होती है जिस पर खड़े होकर हम आसपास देखते हैं। दिग्विस्तार में हम खड़े हुए हैं, यह वैज्ञानिक सत्य भी है और पौराणिक भी; किन्तु ये दो अलग-अलग प्रकार के दिग्विस्तार हैं जिनके केन्द्र में हम अपने को रख रहे होते हैं। कहा जा सकता है कि वह 'हम' भी दो अलग-अलग प्रकार के आत्मबोध से सम्बन्ध रखता है।

२२.

सातत्य और नित्यता (इटर्निटी) गँवा देने पर, निरवधि महाकाल का बोध खो देने पर स्वभावतः यह स्थिति आ जाती है कि काल-प्रत्यय हमें अधिकाधिक इतिहास के चौखटे में और ऐतिहासिक क्रम में बँधकर ही हो; कि हमारा काल-बोध इतिहास की दिशा में भी हो। सतत् और

सनातन का नियम और क्रम (ऋत) खो देने पर सत्य भी ऐसे किसी क्रम अथवा नियम का प्रतिबिम्ब नहीं रह सकता; सत्य केवल ऐतिहासिक प्रक्रिया का एक गुण अथवा लक्षण हो जाता है। काल वह माध्यम नहीं रहता जिसमें हम कालातीत या शाश्वत सत्य का आविष्कार करते हैं; इसके विपरीत, सत्य ही काल का एक लक्षण हो जाता है। इतिहास और केवल इतिहास वह सत्य और निश्चित आधार रह जाता है, जिसकी कसौटी पर हम विभिन्न युगों के या विभिन्न संस्कृतियों के सत्यों के विभिन्न रूपाकारों अथवा अवतरणों की कसौटी कर सकते हैं; उनकी व्याख्या अथवा मूल्यांकन कर सकते हैं।

यही वह इतिहासवाद है जिसका उल्लेख हमने पहले किया। इतिहास के आयाम में बँधकर मानव—जीवनकाल के भारी बोझ के नीचे दबकर बाँझ हो गया। अगर ऐतिहासिक काल वह एकमात्र माध्यम है, जिसमें मानव-जीवन विकसित और निष्पन्न होता है तो उस विकास की केवल एक दिशा हो सकती है।

२३.

यह कैसे हुआ कि सत्ता को निरन्तर प्रवाह मानते हुए भी, दिक् और काल, अवस्थिति और विस्तार, दोनों को केवल माध्यम मानते हुए भी, हम सैकड़ों वर्षों तक एक स्वतन्त्र और सुरक्षित—या आश्वस्त नहीं तो कम-से-कम संकट-बोध से मुक्त-मानस बनाये रख सके? क्या ऐसा इसलिए सम्भव हुआ कि बौद्ध तार्किक अन्त में तर्क में उन लोगों से हार गये जिन्हें यथार्थ सत्ता में आस्था थी?—यानी कि हमारी चेतना ने वास्तव में कभी अपने को उस संकट से ग्रस्त पहचाना ही नहीं जो कि बौद्धों द्वारा दिक्काल की सत्ता के अस्वीकार से खड़ा हुआ था। क्या ऐसा इसलिए सम्भव हुआ कि एक क्षणभंगुर संसार में भी भारतीय मानस इसलिए आश्वस्त रह सका कि वह दिक् और काल दोनों को सार्थक, शाश्वत और सर्वत्र व्याप्त मानता रहा, यह पहचानता रहा कि संसार की घटनायें निरवधि काल के महासागर में उठती हुई तरंगें हैं, निस्सीम आकाश के महा-विस्तार के स्पन्दन हैं?

२४.

असत्य में नैतिकता के दो शाश्वत स्रोत हैं। एक तो कोई पारलौकिक, आध्यात्मिक सत्ता (ईश्वर, ब्रह्म, कृत, धर्म...)। दूसरा प्रामाण्य है इस बात का ज्ञान और सम्पूर्ण स्वीकार कि उस नैतिकता पर आचरण का परिणाम चरम कोटि का दण्ड भी हो सकता है—मृत्यु भी। मृत्यु भी तो एक पारलौकिक आध्यात्मिक सत्ता है।

२५.

देवता क्योंकि प्रतीक हैं, इसलिए उनकी शक्ति मानव-सापेक्ष है—प्रतीकों की अर्थवत्ता मनुष्य की तत्कालीन संस्कृति पर निर्भर करती है। प्रतिभा-लक्षण जानकर भी हम उसके अर्थ का अंश मात्र जान सकते हैं : उससे वैचारिक सम्बन्ध ही जोड़ सकते हैं। उससे राग-सम्बन्ध का आधार दूसरा है। कोई रौद्र-भयानक प्रतिमा उपासक में भय या दीन भाव उत्पन्न करेगी या धैर्य, साहस या वीरभाव, इसका उत्तर केवल प्रतिमा में नहीं मिलेगा; इसका उत्तर उपासक के सांस्कृतिक सन्दर्भ में खोजना होगा। जैसे देव-प्रतिमा के सौन्दर्य के प्रतिमान अलग हैं, वैसे ही उसके प्रतीकार्थ के सूत्र भी अलग।

देवता भी इस बात को जानते हैं। तभी तो वे प्रत्यक्ष-द्विष भी हैं, केवल परोक्षप्रिय नहीं। प्रत्यक्ष का अर्थ बँधा है, अत: संस्कृति-निरपेक्ष है, अत: उसमें शक्ति का निवास नहीं हो सकता। परोक्ष में ही यह सम्भावना है कि उसका अर्थ मायारूपी हो, निरन्तर बदलता रह सके, शक्ति-संचय की अखण्ड सम्भावना बनाये रह सके—जब तक कि संस्कृति जीती है। मुमूर्षु संस्कृति के देवता भी मुमूर्षु होते हैं; मृत संस्कृति के मृत। कोई दूसरी संस्कृति उनमें नये प्राण फूँक सकती है—पर नये सन्दर्भ नये प्रतीकार्थ देते हैं, यानी नये देवता गढ़ते हैं। इसी से कदाचित् देवता के अवतार लेने की क्षमता भी निस्सृत होती है। अवतरण देवता का नया अर्थ ओढ़ना है, आत्म-नवीकरण है, नया परोक्षार्थ पाना यानी नयी शक्ति से आविष्ट होना है।

२६.

मूल्य-दृष्टियों पर बार-बार इतना बल देने का एक कारण यह भी है कि कदाचित् किसी दूसरी संस्कृति ने सजग और चेतन रूप में इस बात पर इतना बल नहीं दिया कि सृष्टि-मात्र में एक समग्रता लक्षित होनी चाहिए और संस्कृति को अनवरत रूप से उस समग्रता की ओर उन्मुख होना चाहिए। सभी कुछ धर्म-शासित है, इसीलिए सभी कुछ में एक सांस्कृतिक चेतना क्रियाशील होनी चाहिए; और क्योंकि भारतीय दृष्टि में लगातार इस बात पर बल रहा है, इसलिए यहाँ हमेशा यह भी सम्भव रहा है कि आप उस समग्रता की खोज में चाहे जिस छोर से अपनी यात्रा का आरम्भ कर सकते हैं—केन्द्र से परिधि की ओर बढ़ते या परिधि से केन्द्र की ओर जाते हुए।

२७.

मेरी समझ में आधुनिकता काल के साथ एक नये प्रकार का सम्बन्ध है या होना चाहिए। आधुनिकता मूलतः एक नये ढंग का काल-बोध है और हमारे संवेदन का उस पर आधारित रूपान्तर बड़े दूरव्यापी परिणाम रखता है। काल के साथ सम्बन्ध बदल जाने से बहुत-सी चीज़ों के साथ हमारे सम्बन्ध अनिवार्यतया बदल जाते हैं, इतिहास के साथ, सामाजिक परिवेश के साथ, तन्त्र और श्रम के साथ, पूँजी के साथ, शासन-व्यवस्था के साथ, कला और साहित्य और उनके सौन्दर्यशास्त्र के साथ। मेरा यह अनुमान कोई नयी बात नहीं है लेकिन आधुनिकता के विचार में संवेदन और काल-बोध के प्राथमिक महत्त्व पर ज़ोर देना इसलिए आवश्यक जान पड़ता है कि आधुनिकता की चर्चा में प्रायः लोग इस आधारभूमि की उपेक्षा कर जाते हैं और केवल ऊपर की संरचनाओं और संस्थानों की ओर ध्यान देते रह जाते हैं।

२८.

भारतीय प्रतिभा का विदेशी आलोचक प्रायः कहता है कि भारतीय को इतिहास का बोध नहीं होता—उसमें 'सेंस ऑफ़ हिस्टरी' की कमी है। जिस अर्थ में विदेशी यह बात कहता है उस अर्थ में वह शायद सच भी

है। इसका एक कारण तो यह भी है कि पश्चिम का और हमारा काल-बोध अलग-अलग प्रकार का है; हमारी काल की परिकल्पना अलग-अलग है। इतिहास-बोध के लिए अनुक्रमिकता अनिवार्य है यानी समय को सीधी रेखा के रूप में देखना आवश्यक है। हम काल को चक्रनेमिक्रमेण देखते हैं और काल की यह वृत्ताकार कल्पना ही इतिहास-बोध में बड़ी बाधा है। लेकिन एक जीवित संगठन की विशेषता है कि एक ऐन्द्रीय कमी या सीमा की पूर्ति दूसरी ऐन्द्रीय विशिष्टता या प्रतिभा से कर लेता है। संस्कृति नाम के प्राणवान संगठन के बारे में भी यही सच है। भारतवासी में अगर इतिहास-बोध की कमी है तो उस कमी की पूर्ति वह एक अत्यन्त सजग और समर्थ स्थिति-बोध से कर लेता है : उसकी प्रतिभा प्रत्युत्पन्न मति की प्रतिभा है और ऐसा प्रत्युत्पन्न कर्मी दूसरे समाजों या संस्कृतियों में दुर्लभ ही होगा।

२९.

विज्ञान की अद्यतन सृष्टि-कथा में सृष्टि के एक आरम्भ-बिन्दु की अवधारणा है। इसे हम यों कह सकते हैं कि दिक्-काल का एक आरम्भ-बिन्दु आज विज्ञान मानता है। काल की अद्यतन धारणा में काल की सान्त परिकल्पना की गयी है। कवि के लिए तो इसमें विशेष कठिनाई नहीं है, लेकिन इतिहासकार और स्वयं वैज्ञानिक के लिए इससे समस्या पैदा होती है। ऐतिहासिक, एकरेखीय और एक दिगुन्मुख काल, सान्त कैसे हो सकता है? विज्ञान दिग्विस्तार की सीमा मानता है और वही काल की सीमा भी है : उससे परे कुछ नहीं हो सकता और उस सीमा तक पहुँचकर दिक् भी मुड़कर लौट आता है और इसलिए वहीं काल को भी मुड़कर लौट आना चाहिए। लेकिन यह कहने का ठीक-ठीक अर्थ क्या हुआ, यह वैज्ञानिक स्वयं नहीं जानता। उसका चिन्तन और उसकी अवधारणा जिस आपत्ति को जन्म देती है, उसे वह स्वीकार करता है और उसका उत्तर प्रस्तुत करता है—लेकिन उत्तर देते हुए भी यह स्वीकार कर लेता है कि उसका पूरा आशय वह अभी समझ नहीं पाया है। यह कठिनाई समझ की है या भाषा की, इसका विचार इससे आगे निष्फल हो जाता है क्योंकि इसके आगे के विचार के लिए भाषा नहीं है। कालान्तर में तर्क का दबाव आवश्यकतानुसार भाषा गढ़ेगा और फिर भाषा नये विचार और नयी

युक्तियों को प्रस्तुत करना सम्भव बनायेगी—ये दोनों समान्तर और परस्पर-निर्भर प्रक्रियाएँ हैं, जिनमें कार्य-कारण का विचार लाभकर नहीं है। ब्रह्माण्ड सीमित है, तदनुसार दिक्काल की भी एक सीमा है; प्रकाश की किरणें भी उस सीमा से लौट आती हैं और काल की पहुँच वहीं तक है जहाँ तक प्रकाश की—काल प्रकाश-सापेक्ष है। ये सब अवधारणाएँ विज्ञान को स्वीकार हैं, लेकिन इन सबसे परिणाम क्या निकला है, यह वह नहीं बता सकता। यह स्थिति लगभग वही है जो मिथकीय चिन्तन की स्थिति थी, यह स्वीकार करने में वैज्ञानिक को असमंजस तो होता है, लेकिन इसका कोई उत्तर उसके पास नहीं है। इतना अवश्य है कि मिथकीय अवधारणाओं के प्रति एक नया खुलापन वैज्ञानिक चिन्तन में आया है। मन, चेतना और कल्पना के बारे में भी एक नये परिदृश्य के लिए क्षेत्र खुला है और पिछली शती की निश्चयात्मकता ने जिस असहिष्णुता का रूप ले लिया था, वह अब लक्षित नहीं होती।

३०.

भारतीय समाज अब भी भौतिक मूल्यों की एक भित्ति पर खड़ा है, जिसमें भौतिक सुख-सुविधाओं की समकालीन दौड़ के बावजूद अभी कोई दरार नहीं पड़ी है। विदेशी शिक्षा-दीक्षा के कारण जो लोग कोई ऐसा नैतिक आधार न मानकर केवल आर्थिक या भोगवादी आधार मानना चाहते हैं, वे अपने लिए चाहे जो कुछ मानें या दूसरों को भी चाहे जो कुछ मनवाना चाहें, वर्तमान भारतीय समाज के मन का सही रूप तो उनको पहचानना ही होगा। उनसे भी अधिक लेखक को तो वह पहचानना ही होगा। मेरे सामने यह बात क्रमश: स्पष्टतर होती गयी है कि साधारण भारतवासी के अलग-अलग एक-एक क्रम को देखकर हमें चाहे जैसा लगे, पूरे समाज की कर्म-प्रक्रिया इस बात को स्पष्ट करती है कि भारत समग्र रूप से अभी तक यही मानता है कि विश्व के सारे कर्म-व्यापार एक नैतिक नियम के चौखटे में बँधे हुए हैं।

३१.

आस्तिकता का क्षेत्र विज्ञान के क्षेत्र से अलग है। आज हमें यह मानने में

भी कठिनाई नहीं होगी कि जैसे बुद्धि और बुद्धिसंगत आचरण मानव के लिए अनिवार्य है, वैसे ही चेतन का एक अंग बुद्धि या तर्क से परे भी है और उसका भी स्थान मानव-जीवन में अनिवार्य रूप से है। पर वैज्ञानिकता के पहले उत्साह में मानव को बुद्धिजीवी प्राणी मानने का एक परिणाम यह हुआ कि उसके विवेक पर ही प्रश्नचिह्न लग गया। ईश्वर है या नहीं, यह प्रश्न विज्ञान के लिए अप्रासंगिक है क्योंकि श्रद्धा के क्षेत्र के प्रश्नों का उत्तर विज्ञान नहीं दे सकता—ठीक वैसे ही जैसे विज्ञान के क्षेत्र के प्रश्नों का उत्तर श्रद्धा से नहीं मिलता। पर अगर हम परमात्मा को अमान्य कर देते हैं तो फिर आत्मा को मानने का भी कोई आधार नहीं रहता : विवेक, अन्तरात्मा, कांश्येन्स, ज़मीर, सभी सापेक्ष हो जाते हैं। किसके सापेक्ष? इसका कोई उत्तर नहीं मिलता। फलत: मानवतावाद की विकृति का परिणाम एक घोरतम ऐहिकवाद हुआ : यानी अस्तित्व-रक्षा ही चरम मूल्य बन गया। जो बच रहने में सहायक हो वही नैतिक है; यही सिद्धान्त है जो आज धर्म-निरपेक्षता के नाम पर सर्वत्र माना जा रहा है। स्पष्ट है कि इसे मानवतावाद कहना मानव का भी अपमान करना है : यह शुद्ध सर्वाइवलिज़्म है, जिसे मानवतावाद तो क्या, पशुतावाद कहना ही अधिक संगत है क्योंकि जिजीविषा या प्राणरक्षा तो जीवमात्र की मूल प्रवृत्ति है। यह नहीं कि मानव में जिजीविषा नहीं है या नहीं होनी चाहिए : पर उसके लिए जिजीविषा का सन्दर्भ दूसरा है : वह केवल व्यष्टि की निर्विकल्प प्राणरक्षा न होकर एक सामाजिक अर्थयुक्त स्वैच्छिक कर्म है : स्वाधीन कर्म है।

३२.

मेरे लिए 'इण्टेलेक्चुअल' होने का मतलब यह होता है कि हम विचार को, आइडिया को, जीवन के प्रयोजनों पर वरीयता दे रहे हों। केवल शिक्षित या दीक्षा-प्राप्त बुद्धि का पेशेवर उपयोग करना इण्टेलेक्चुअल होना नहीं है—मेरे लिए नहीं है; क्योंकि इस परिभाषा से आरम्भ करने वाले लोग भी हैं, जिनका परिभाषित यह वर्ग कोई आत्यन्तिक महत्त्व नहीं रखता, एक सुविधाजनक दरबा-भर है।

'जीवन पर वरीयता'—जीवन दोनों अर्थों में : ज़िन्दगी भी, जान या प्राण

भी। 'ज़िन्दगी पर वरीयता' से आचरण की एक कसौटी सामने आ जाती है और मैं मानता हूँ कि इण्टेलेक्चुअल इस विशिष्ट अर्थ में उत्तरदायी है; 'प्राणों पर वरीयता' अर्थात् विचार अथवा आइडिया के लिए जान जोख़िम में डालना भी इण्टेलेक्चुअल से अपेक्षित है और उसकी बौद्धिक निष्ठा की कसौटी है।

निस्सन्देह, यह प्रश्न उठ सकता है कि अज्ञानियों, मूर्खों, दुष्टों, मतान्धों के बीच ऐसी निष्ठा क्या हठधर्मी, एक रोमांटिक मुद्रा, निरर्थक वीरत्व-प्रकाशन मात्र नहीं होगी? (क्या गैलीलियो के सामने समस्या यही नहीं थी?) और क्या कभी आइडिया की रक्षा के लिए प्राण-रक्षा कर्तव्य नहीं हो जाती? (क्या यही बर्ट्रेंड रसेल नहीं कहना चाहते थे, जब 'बेटर रेड दैन डेड' वाला संकट उन्होंने सामने रखा था?)

'हो जा सकती है' सिद्धान्ततः इतना-भर मैं मान लूँगा। पर इससे आगे प्रत्येक ऐसी स्थिति की कड़ाई से छानबीन करूँगा कि कहीं यह केवल आत्मप्रताड़णा तो नहीं है?

३३.

प्रश्नों का उत्तर शोध माँगता है—निरन्तर शोध माँगता है। हमने वैज्ञानिक शोध को प्रतिष्ठा के शिखर पर बैठा दिया है; उसके विपरीत, आत्मशोध को हम एक व्यसन, फ़ालतू काम, दिमाग़ी ऐयाशी वग़ैरह मानने लग गये हैं—यद्यपि यह शोध किसी तरह कम कठिन या कम आवश्यक नहीं है। वैज्ञानिक शोध का आधार हम 'जानकारियों' को मानते हैं जो दूसरों के संग्रह की भी हो सकती हैं और दूसरों द्वारा परीक्षणीय भी होनी चहिए। आत्मशोध ऐसी जानकारी पर निर्भर नहीं कर सकता, अनुभव की माँग करता है : इसलिए 'विषयी-सापेक्ष होने के नाते अविश्वसनीय' होने का जोख़िम उठाता है। पर विज्ञान अपने शोध की भित्ति जिन जानकारियों पर टिकाता है, उनमें कम जोख़िम नहीं है; उनकी तकनीकियत के भारी बोझ के नीचे नैतिक मूल्य-बोध दब जाता है। आज का गम्भीर वैज्ञानिक भी इस संकट को स्वीकार करता है—कभी प्रश्न से कतराना चाहता है तो फिर अपने को वैज्ञानिक न कहकर यन्त्रज्ञ या इंजीनियर कहता है।

३४.

अगर मेरी स्वचेतना स्वरूप की चेतना है, तो मेरी जिजीविषा भी एक रूपेषणा है : यानी मैं एक रूपाकारवत् ही जीना चाहता या चाह सकता भी हूँ। जीवन अपने को जीना या अपने को सातत्य देना नहीं चाह सकता—उस रूपाकार में ही जीना और उसी को सातत्य देना चाह सकता हूँ क्योंकि उससे स्वतन्त्र, अस्पृष्ट, वह चाह ही नहीं सकता...

पर क्या स्वचेतना उतनी ही है ? क्या एक संरचना की अपने को बनाये रखने की चाहना या ईषण से अधिक चित्त् तत्त्व की सत्ता नहीं हो सकती और है ?

क्या रूपाकार-शुद्ध, क्या इच्छा से भी रिक्त और शुद्ध चिन्मात्र की आत्मचेतना नहीं हो सकती ?

३५.

अफ्रीकियत (नेग्रित्यूड) की खोज अफ्रीकी (व्यक्ति) को ही नहीं, अफ्रीकी समाज को भी है। एक सामाजिक अस्मिता की खोज और एक व्यक्तिगत प्रतिष्ठा की खोज अनिवार्यत: उस आत्म-परिकल्पना में जुड़े हुए हैं। बिना ऐसी संश्लिष्ट व्यापकता के उधर प्रगति हो ही नहीं सकती—वह अवधारणा ही प्राणवान नहीं हो सकती।

क्या भारतीय समाज को भी भारतीयता की खोज है ? या कि उन्नीसवीं शती के आत्म-परीक्षण की यन्त्रणा के साथ-साथ वह खोज भी चुक गयी ?

क्या इस परिणाम पर पहुँचना होगा कि इसलिए तब अफ्रीकी समाज भी है—अफ्रीकी देशों, जातियों, संस्कृतियों के वैविध्य के बावजूद अफ्रीकी समाज है क्योंकि उसमें समाजतत्त्व की खोज और सम्प्राप्ति की व्याकुलता है; और भारतीय समाज है ही नहीं क्योंकि भारत में मूल सांस्कृतिक भित्ति की एकता के बावजूद न समाजगत एकता की पहचान है, न उसका बोध, न उसे प्राप्त करने की अकुलाहट ?

क्या अफ्रीकी देशों के बिखराव के बावजूद वहाँ एक समाजत्व है क्योंकि व्याकुलता एक राग-बन्ध उत्पन्न करती है और भारत में देशगत एकता के

बावजूद एक भारतीय समाज नहीं है क्योंकि वैसा सामष्टिक बोध भी उसमें नहीं है, और न वैसे राग-बन्ध को वह निबाह सका या फिर से गढ़ सका है ?

!!—और क्या कहा जाये...

३६.

अवधारणा करना (to conceptualise) सूक्ष्मीकरण है या स्थूलीकरण, यह इस पर निर्भर है कि आरम्भ कहाँ से किया। ईश्वर अगर कवि है तो अवश्य ही वस्तु अवधारणा करता है क्योंकि न कुछ से ('नासद् न सद्' से) आरम्भ करता है और समस्त रूपाकारों की सृष्टि करता है। मानव अवधारणा करता है तो स्थूल से सूक्ष्म को खींचता है क्योंकि वस्तुओं के जगत से मनोजगत में जाता है।

इस प्रकार मनोभूमि पर आकर कवि ईश्वर और कवि मानव पास-पास खड़े होते हैं लेकिन दोनों की सत्ता अलग-अलग दिशाओं में क्रियाशील होती है : एक की अवधारणाएँ सारा वस्तु जगत रच देती हैं, दूसरे की अवधारणाएँ एक आनुषंगिक गुण-जगत...

३७.

अगर दिक्काल का एक सातत्य है तो दिक् और काल दोनों इसी सत्ता के आयाम हैं। लेकिन अगर वे दोनों आयाम हैं तो उनके स्वभाव में अनिवार्य मौलिक भेद क्यों होना चाहिए? दूसरे शब्दों में, तब क्या काल भी दिक् का एक आयाम या दिक् भी काल का एक आयाम नहीं है ?

हम, विषयी, निरन्तर काल को दिक् और दिक् को काल में बदलते रहते हैं—और दोनों को हम विषयी-निरपेक्ष मानते हैं। सच्चाई यह है कि हम काल को नाप ही नहीं सकते सिवाय दिक् की अपेक्षा में—हमारी 'विषयी-निरपेक्ष' माप काल को दिक् के आयाम में नापती है और किसी दूसरे आयाम में नाप ही नहीं सकती। तब यह कहने का क्या अर्थ होता है कि 'काल' है ? काल को हम उसके अपने आयाम में केवल विषयीगत नाप से नाप सकते हैं—अनुभव की अर्थात् स्मृति की नाप से। स्मृति के सहारे

ही हम दिक् को काल और काल को दिक् में परिणत करते हैं, स्मृति के सहारे ही हम दिक्काल को एक वास्तविक सातत्य (या सतत् सत्ता) देते हैं।

यों स्मृति के बिना काल नहीं है, सातत्य नहीं है, कालक्रम नहीं है, सन्तानता नहीं है, प्रवाह नहीं है : केवल क्षण का समुत्पाद है...स्मरामि अतएव अस्मि! मैं स्मरण करता हूँ, इसलिए मैं हूँ।

देकार्त के लिए एक और नुस्ख़ा!

३८.

भारत में आस्था का संकट आता कैसे, साहित्य में दिखता कैसे, जब वहाँ मत-विश्वास पर—'क्रेडो' पर आग्रह कभी रहा ही नहीं? जहाँ यह आवश्यक हो कि 'अमुक-अमुक बात पर आस्था होनी ही होगी', वहाँ तो उसके टूटने या असम्भव हो जाने पर संकट का बोध होगा। जहाँ स्थिति यह है कि 'तुम चाहे जो मानो, चाहे जिस पर आस्था रखो, उससे कोई अन्तर नहीं पड़ता—' वहाँ आस्था का संकट तो नहीं हो सकता : जो संकट होगा उसे 'आस्था का संकट' नहीं कहा जायेगा।

और यहाँ किसी नुक़्ते पर विश्वास की बात नहीं रही, यहाँ बल आचरण पर रहा : और उन बुनियादी मूल्यों पर जो आचरण को निर्धारित करते थे। जब उन पर आस्था नहीं रही तो संकट का एक रूप यह था कि समाज विश्वास के बिना भी आचरण वही बनाये रखे—पाखण्डी हो जाये—और पाखण्ड का वह व्यापक संकट तो हमने देखा—वह साहित्य में भी प्रतिबिम्बित हुआ। पाखण्ड के सूक्ष्म और सटीक चित्र भी प्रस्तुत हुए, पाखण्डों और पाखण्डियों पर करारी चोटें भी पड़ीं।

इसलिए उन्नीसवीं-बीसवीं शती की प्रवृत्तियों को कुछ दूसरे ढंग से देखना होगा।

३९.

'महाभारत' में अर्जुन को कृष्ण विराट रूप का दर्शन कराते हैं। वहाँ विराट

रूप मानो एक आत्मकथन है, एक निर्वचन है, एक तर्क है—अकाट तर्क, किन्तु तर्क।

भागवत में यशोदा को बालकृष्ण भी विराट रूप दिखाते हैं। पर यह रूप शायद कहीं अधिक विराट है क्योंकि यहाँ वह कथन या निर्वचन या टीका कुछ नहीं है, वह एक दिव्य दर्शन है, साक्षात्कार (रेवेलेशन) है जिसके आगे सब तर्क अपने आप झर जाते हैं, तर्कबुद्धि ही शमित होकर रह जाती है। 'तुंइँयों हैं वे मैं नाहीं...'

४०.

जैविक स्तर पर तो भूलना और याद रखना—स्मरण और विस्मरण—दोनों अनिवार्य हैं, किसी एक के बिना जीवन-रक्षा नहीं हो सकती। पर क्या स्मरण रहे और क्या भुला दिया जाय, इसमें जहाँ कहीं विकल्प का क्षेत्र होता है (कह सकते हैं कि जैविक स्तर पर नहीं होता), वहाँ विकल्प का समाधान संस्कृति करती है, वरन् के आधार वही निश्चित करती है।

४१.

इतिहास क्या कालक्रम है, या कालक्रम की चेतना है? यदि कालक्रम है तो इतिहास न केवल विवेकशील मानव (होमो सेपिएंस) से पहले से है बल्कि किंमानवों या मानवाभासी बन्दरों से पहले से है—बल्कि जीव के आविर्भाव से भी पहले से है : भौतिक सृष्टि का भी एक इतिहास है क्योंकि उसकी भी देश-काल में स्थिति है और एक अनुक्रम विकास है। तब उन मानव-जातियों का क्या होता है, जिनकी काल की अवधारणा ही दूसरी है—और जिनका इसलिए 'इतिहास' नहीं माना जाता? क्या पश्चिमी मानव ने अपने को 'ऐतिहासिक मानव' मानकर और अन्य सबों को इतिहास-पूर्व (= इतिहास-रहित) मानकर न केवल मानव-जाति के अधिभाग को पदच्युत, अधिकारच्युत कर दिया है बल्कि उसका शोषण करने और करते रहने का अपना सनातन अधिकार मान लिया है? क्या यह अधिकार-हनन ही पश्चिमी मानव का मूल पाप (ओरिजनल सिन) नहीं है? क्या यही भाव अभी तक सारे पश्चिमी जगत आधुनिक जगत,

गोरे जगत, नये जगत, विकसित जगत का प्रकट या अप्रकट मनोभाव नहीं है—और क्या अभी तक यही शेष जगत से उसके सम्बन्धों को, उसके आचरण को, निर्धारित नहीं कर रहा है ? फिर उसके घोषित विश्वास और मतवाद चाहे जो हों! ऐतिहासिक मानव अपने ऐतिहासिक होने में ही शेष मानव-जाति के साथ विजेता या सम्भाव्य विजेता का सम्बन्ध जोड़ लेता है।

४२.

'परिवेश के साथ अर्थवान् सम्बन्ध'—इतनी बात तो लोग आसानी से मान लेंगे। वे भी मान लेंगे जो उसे पूरी तरह समझे भी नहीं, क्योंकि वह बात युगानुरूप जान पड़ती है। पर वह वर्तमान सम्बन्ध होता कैसे है ? परम्परा का, कंटिन्यूइटी का, उसमें क्या स्थान या योग होता है। इस प्रश्न के उठते ही बहुत-से लोग बिदकने लगेंगे क्योंकि अँग्रेज़ी का शब्द 'कंटिन्यूइटी' चाहे अच्छा भी लग जाये, देशी शब्द 'परम्परा' से उन्हें तुरत दकियानूसी की गन्ध आने लगती है। परम्परा का अर्थ पहले वे लगाते हैं 'ट्रेडिशन' और 'ट्रेडिशन' का अर्थ रूढ़ि! फिर मान लेते हैं कि वह जो भी हो उसे तोड़ना ही अभीष्ट है क्योंकि वही 'मॉडर्न' और 'प्रोग्रेसिव' प्रवृत्ति है—और आज कौन है जो 'मॉडर्न' होना नहीं चाहता ?

पर 'कंटिन्यूइटी' के, परम्परा के बिना 'परिवेश के साथ अर्थवान् सम्बन्ध' जुड़ ही नहीं सकता। नैरन्तर्य का रिश्ता जोड़े बिना परिवेश से कोई रिश्ता ही नहीं जुड़ता, नये परिवेश के साथ भी जो सम्बन्ध बनता है, उसकी अर्थवत्ता में इस नैरन्तर्य का बड़ा महत्त्वपूर्ण योग होता है। आधुनिक 'मॉडर्न' होने के लिए इतिहास आवश्यक होता है; बिना ऐतिहासिकता के बोध के मॉडर्न होना ही सम्भव नहीं है, और यह बात जो हमारे देश में और भी महत्त्व रखती है, जहाँ इतिहास को निरवधि महाकाल के फैलते हुए महावृत्त में एक छोटा-सा आवर्त-भर माना गया। पर अगर ऐतिहासिकता के बिना आधुनिक होना सम्भव नहीं है तो उससे पहले यह ध्यान में रखने की बात है कि निरन्तरता के बिना इतिहास का कोई अर्थ नहीं है। निरन्तरता की पहचान ही वास्तव में इतिहास-बोध का मूल और आरम्भ है।

४३.

संस्कृति जब हमारे लिए यह विश्वास सम्भव बनाती है कि कुछ ऐसा भी होता है जिसके लिए प्राण भी दिये जा सकते हैं, तब वह मूल्य की सृष्टि करती है। जीवन एक आत्यन्तिक, स्वत:सिद्ध, प्राकृतिक मूल्य है : जीना सहज धर्म है; जीवन सर्वथा सेव्य और रक्षणीय है। जिसके लिए वह भी छोड़ा जा सकता है, वह मानवीय सृष्टि है, प्रतीक है, संस्कृति की उपलब्धि है, मूल्य है। 'प्राण जाहि पर वचन न जाई' या 'स्वधर्मे निधनं श्रेय:'— ये प्राणोपरि मूल्य सांस्कृतिक मूल्य ही हैं। संस्कृति से—संस्कृति होकर— हम ऐसे मूल्य प्राप्त करते हैं; पहचानते हैं कि इनके लिए जान भी दी जा सकती है, उन्हीं के लिए जीना सार्थक जीना है : मानवीय सृष्टि के लिए जिया हुआ जीवन ही मानव-जीवन है, नहीं तो जीने को तो कौआ भी जी लेता है, काक-बाचि भी पा लेता है।

४४.

हम बच्चे को 'बनाना' चाहते हैं या 'बनने' देना चाहते हैं? यह तो असन्दिग्ध है कि पूरे समाज-संस्थान का एक नियामक दायित्व है : बच्चे को बनाना है, उसे एक संस्कार देना है, मूल्यों की एक दीक्षा देनी है और वे मूल्य हमारे हैं, हमारे समाज के हैं। लेकिन उतना ही महत्त्व इस बात का भी है कि बच्चा एक 'विकासमान चिदंश' है, एक स्वतन्त्र इकाई है जो अपनी स्वतन्त्र सम्भावनायें लेकर आयी है—जो सम्भावनायें हमारा समाज उसके लिए प्रस्तुत करेगा उससे बिलकुल स्वतन्त्र अपनी आत्यन्तिक सम्भावनायें और हमारा समाज स्वस्थ और उत्तरदायी समाज तभी है अगर वह उस चिदंश को वही बनने दे जो बनने की सम्भावना लेकर वह प्रकट हुआ है।

४५.

इसके बावजूद कि सांस्कृतिक विकास परिभाषा से ही श्रेष्ठतर नैतिक मूल्यों का विकास होता है, यह मान लिया गया कि एक नयी वैज्ञानिक संस्कृति का युग आ गया है, जिसमें नैतिकताएँ केवल अन्धविश्वास या

पूर्वग्रह मात्र रह गयी हैं—वैज्ञानिक जीवन के सन्दर्भ में अप्रासंगिक हो गयी हैं। नये मुहावरे में नैतिकता के लिए कोई जगह नहीं रह गयी थी और 'प्रासंगिकता' को ही कसौटी बना लिया गया था। यह प्रासंगिकता वास्तव में पुराने कामचलाऊपन और सफलतावाद का ही दूसरा नाम था। निस्सन्देह, यह विज्ञान की ग़लत समझ का परिणाम था, और जल्दी ही प्रमुख वैज्ञानिकों ने ही विज्ञान के नैतिक उत्तरदायित्व पर ज़ोर देना आरम्भ कर दिया था। असल में, विज्ञान नैतिक विवेक से मुक्ति नहीं देता, केवल उस विवेक के लिए दूसरा आधार देता है। मोटे तौर पर कहा जा सकता है कि ये नये आधार बुद्धिसंगत होते हैं, लेकिन यह बात एक सापेक्ष सत्य ही है क्योंकि नैतिकता के विचार में एक सीमा है, जिसके आगे केवल बुद्धि अथवा तर्क काम नहीं देता, और हमें कुछ तर्कातीत प्रेरणाओं अथवा अन्तर्दृष्टियों को स्वीकार करना पड़ता है। विज्ञान बड़ी देर से, बड़ी मुश्किल से, और बड़ी अनिच्छा से इस परिणाम तक पहुँचा कि मानव-जीवन को निर्धारित करने वाले तथ्यों में कुछ ऐसे अवश्य हैं, जिनका रहस्य बुद्धि अथवा तर्क द्वारा उद्घाटित नहीं होता, लेकिन जिन्हें फिर भी अमान्य नहीं किया जा सकता, जिन्हें अमान्य करने की कोशिश सामाजिक स्वास्थ्य में विकृति ले आती है। हम कह सकते हैं कि आज उन्नत वैज्ञानिक चिन्तन इसी स्थल पर है।

स्वाधीनता : सामाजिकता

४६.

स्वाधीन होना अपनी चरम सम्भावनाओं की सम्पूर्ण उपलब्धि के शिखर तक विकसित होना है।

४७.

स्वाधीनता कोई स्थिर अथवा स्थावर वस्तु नहीं है; ऐसी सम्पत्ति या ऐसा रत्न नहीं है, जिसे कोई एक बार प्राप्त करके कहीं सँजोकर रख दे सकता है। बल्कि इसके विपरीत स्वाधीनता एक ऐसी चीज़ है जो निरन्तर आविष्कार, शोध और संघर्ष माँगती है, यहाँ तक कि उस शोध और संघर्ष की ही, स्वाधीनता की अन्तहीन ललक को ही स्वाधीनता का सारतत्त्व कह सकते हैं।

४८.

बहुजन के हित और सुख के लिए एक इकाई के सुख का स्वेच्छित उत्सर्ग और विलय तो वास्तव में व्यक्ति स्वतन्त्रता की सच्ची और पूर्ण परिभाषा करता है। मेरी स्वतन्त्रता एकान्त मेरी नहीं बल्कि ममेतर की स्वतन्त्रता है; दूसरे के मुकुट में ही मैं अपनी स्वतन्त्रता को और स्वयं अपने को पहचानता हूँ। यह मानव-व्यक्ति के विवेक की पहुँच की पराकाष्ठा है। वह आत्मचेतन विकासोन्मुखता है, जो इस नाते व्यक्ति तक सीमित नहीं रहती। एक आत्मचेतन, विकासमान समाज स्वयं भी स्वतन्त्र होता है, अपने

भीतर हर व्यक्ति को भी स्वतन्त्र विकास का खुला अवकाश देता है। और जिस समाज का विकास रुक गया होता है, जो बँधे पानी की भाँति सड़ रहा होता है, वह व्यक्ति को भी बाँधता है, असहिष्णु होता है। स्वतन्त्र समाज और स्वतन्त्र व्यक्ति केवल एक-दूसरे के पूरक नहीं हैं, इन दोनों की परस्परता ही गत्यात्मक व्यवस्था की शर्त है। स्वतन्त्र व्यक्ति समाज से स्वतन्त्र नहीं, समाज में स्वतन्त्र होता है—पर स्वतन्त्र, वर्धनशील समाज में। और जैसा कि मैं पहले कह चुका और फिर-फिर दोहरा सकता हूँ, यह सम्बन्ध राजनीति से बड़ा, अधिक विस्तृत और अधिक गहरा है; वह पूरी संस्कृति में व्याप्त है और उसकी जड़ें अध्यात्म की भूमि में फैली हैं। स्वतन्त्रता मानव मन का नहीं, मानव आत्मा का कुसुमन है।

४९.

स्वतन्त्रता के आधारभूत मूल्य होते हुए भी ऐसा नहीं है कि उसकी अवधारणा या उसकी प्रतिष्ठा शून्य में होती है। स्वतन्त्रता, निस्सन्देह, व्यक्ति की है और व्यक्ति की होकर ही अर्थवान् है; लेकिन वह न तो व्यक्ति तक सीमित है, न ही व्यक्ति को शून्य में स्थापित करके किसी सार्थक रूप में उसके साथ जोड़ी जा सकती है। एक अस्तित्ववादी चिन्तक की सूक्ति है, “Hell is other people”, लेकिन उससे भी बड़ा सत्य यह है कि “Freedom is other people”। क्योंकि व्यक्ति-इकाई के अपनी स्वतन्त्रता के दावे का कोई अर्थ नहीं रह जाता; वह दावा तभी सार्थक होता है जब वह अपनी स्वतन्त्रता का न होकर दूसरे की स्वतन्त्रता का हो। मांस की अपनी बोटी के लिए तो कुत्ता भी लड़ता है—कुत्ता नाम अवज्ञासूचक हो तो कह लीजिये कि सिंह भी लड़ता है; पर निरी जिजीविषा का यह सन्दर्भ स्वतन्त्रता का नहीं है। दूसरे की स्वतन्त्रता का आत्मचेतन दावा ही स्वतन्त्रता का वास्तविक दावा है। इस दूसरे के मुकुट में ही व्यक्ति अपनी अस्मिता को पहचान सकता है। ‘मैं’ के अधिकार का दावा तो एक जैविक प्रेरणा है; ‘ममेतर’ का दावा ही मनुष्यता की पहचान है। यह पहचान दूसरे की स्वतन्त्रता के समान अधिकार की पहचान और उसका स्वीकार आत्मचेतन व्यक्ति ही कर सकता है और जैसा कि मैं पहले कह आया हूँ, यह आत्मचेतन प्रत्यभिज्ञा ही मानव को आत्यन्तिक रूप से पशु-जगत से अलग करती है, उसे मानवत्व देती और स्वतन्त्र बनाती है।

५०.

'हम किसी से छोटे नहीं हैं' यह दावा हमें बड़ा या स्वाधीन नहीं बनाता; 'हम से कोई किस बात में कम है?' यह प्रश्न ही मूल्यों की भित्ति है। असमानताएँ समाज में हैं और रहेंगी, पर समता का मूल्य इसी दृष्टि से मिलता है—उस समता का जिस पर न्याय की पूरी इमारत खड़ी होती है। जिस प्रकार मेरे स्वातन्त्र्य की कसौटी दूसरे का स्वातन्त्र्य है, उसी प्रकार मेरी समता की कसौटी दूसरे की समता है और मुझे जो न्याय मिलता है, उसकी कसौटी जो न्याय मैं दूसरे को देता हूँ।

५१.

दासता क्या है? अप्रिय तथ्य का ज्ञान नहीं, असत्य का ज्ञान भी नहीं; दासता है सत्य या असत्य की जिज्ञासा को शान्त करने में असमर्थ होना; वह बन्धन, वह मनाही, जिसके कारण हमारा ज्ञान माँगने का अधिकार छिन जाता है।

५२.

जीवन की बात जब मैं कहता हूँ, तब अपने जीवन से बड़े एक संयुक्त, व्यापक, समष्टिगत जीवन की बात सोचता हूँ—उसी से एक होना चाहता हूँ—अगर वह बहुत बड़ा प्रवाह है तो उसकी धारा को बाँहों से घेर लेना चाहता हूँ—या वह 'छोटे मुँह बड़ी बात' लगे तो कहूँ कि उस पर एक पुल बाँधना चाहता हूँ चाहे क्षणभर के लिए—आप हँसती हैं? बात भी शायद हँसी की है—कॉफ़ी हाउस में बैठकर जीवन की नदी पर पुल बाँधने की बात तो अफ़ीमची की पिनक की बात है।

५३.

न तो हम अकेले हैं, न हम स्वतन्त्र हैं। बल्कि अकेले नहीं हैं और हो नहीं सकते, इसलिए स्वतन्त्र नहीं हैं; और इसीलिए चुनने या फ़ैसला करने का अधिकार हमारा नहीं है। मैंने तुम्हें बताया है कि मैं चाहती थी कि मैं

अकेली मरूँ। लेकिन क्या यह निश्चय करना मेरे बस का था? क्या मैं अपनी मनपसन्द परिस्थिति चुन सकी? और तुम—क्या तुम स्वतन्त्र हो कि मुझे मरती हुई न देखो? ऐसी सब स्वतन्त्रताओं की कल्पनायें निरा अहंकार है—और उसी से स्वतन्त्रता को छोड़कर कोई दूसरी स्वतन्त्रता नहीं है।

५४.

व्यक्ति और समाज को मुक़ाबले में खड़ा कर देना एकदम नाकाफ़ी है। व्यक्ति-समाज है, परिवार-समाज है और ग्राम-समाज है। सांस्कृतिक आधार तो 'ध्यान में न रखकर' 'व्यक्तिवाद' और 'समाजवाद' की चर्चा करना केवल भ्रम फैलाना है। हर सभ्यता या संस्कृति में कुछ आधारभूत सिद्धान्त होते हैं, कुछ प्रतिष्ठित मूल्य होते हैं। चीन में परिवार का आदर्श रहा, यूरोप में व्यक्ति का, भारत में ग्राम-समाज का। यूरोप में स्वातन्त्र्य का अर्थ व्यक्ति-स्वातन्त्र्य अधिक है, अन्यत्र व्यक्ति-स्वातन्त्र्य को उतना या वैसा बुनियादी महत्त्व नहीं दिया जाता। यूरोप (=पश्चिम) में इसी आधारभूत सिद्धान्त का आदर्श बाहर को फैलता हुआ सारे समाज-संगठन को अनुप्राणित करता है। चीन-जापान में उद्योग-व्यापार तक का संगठन परिवार के चौखटे में होता है : एक श्रम-समाज नहीं, श्रम-परिवार...बॉस इसलिए कुलपति या पितृस्थानीय है। भारत में समान-संगठन का (और इसलिए स्वातन्त्र्य का भी!) आधार ग्राम रहा है। (विनोबा के चिन्तन में भी इसी आदर्श पर आग्रह है : व्यक्ति स्वतन्त्र नहीं हो सकता, ग्राम-समाज ही स्वतन्त्र—आत्मनिर्भर—हो सकता है।)

जिन समाजों में कुलपति / पिता का आदर्श है, उनमें अधिनायकवाद आसानी से आता है—सर्वसत्तापरक विचार अधिक सरलता से स्वीकार्य होते हैं।

लेकिन, जहाँ ग्राम-समाज पर आग्रह है, स्वातन्त्र्य का आधार व्यक्ति नहीं, ग्राम है, वहाँ दोहरी प्रवृत्ति लक्षित होती है। एक तरफ़ तो सामूहिक (परस्पर-निर्भरता का) आग्रह प्रबल होता है, दूसरी ओर एकच्छत्रत्व गौण हो जाता है—केन्द्रिकता के विरुद्ध प्रवृत्ति प्रबल रहती है।

लेकिन क्या भारत में सचमुच ग्राम-आदर्श ही एकमात्र है या मुख्य है? या कि यह पाश्चात्य नृतत्व का एक पूर्वग्रह मात्र है? एक आदर्श तो

ग्राम-समूह का अवश्य है, जिसकी छाप अभी तक दीखती है। ग्रामीण व्यक्ति ग्राम-समूह की इकाई ही रहता है, व्यक्तिरूपेण स्वायत्त न हो पाता है, न अपने को मान पाता है। पर यह एक सीमा तक या सांस्कृतिक स्तर तक ही; उसके बाद व्यक्ति-संस्कृति पर प्रबल आग्रह है—मुक्ति का साधन तो वही है।

क्या नकारात्मक ढंग से इसे यों भी कहें कि भारतवासी ग्राम-समाज से निकलकर व्यक्ति नहीं बनता; केवल समूह की एक सार्वजनिक इकाई के बदले निजी इकाई बन जाता है—सार्वजनिक हितों के बदले निजी हित की साधना करने लगता है?

५५.

जीवन को मैं कैसे पहचानता हूँ? सबसे पहले : एक अविभाज्य व्यक्ति के रूप में, अपने अनुभव के रूप में—'यह मेरा विषयीकृत है'। दूसरे : ऐसे अनेक अर्थों और तर्कों के द्वारा जो फिर मेरे निजी अनुभव पर, मेरे विषयीकृत पर, आश्रित है : माता से सुरक्षा का बोध, पिता से शक्ति का, परिवार से अपनापे का, आदि...तीसरे; तीसरे अपने भावों से यानी फिर निजी अनुभवों के आधार पर। केवल चौथी जगह पर वे अमूर्तीकरण और अमूर्त सिद्धान्त आते हैं जो सीधे-सीधे अनुभूत या अनुभव-प्रत्यक्ष नहीं हैं : राज्य, समाज, मानवता...जीवन में, मेरे जीवन में ये मेरे अनुभव के विस्तार के रूप में ही अर्थवान् होते हैं, वह भी ऐसे विस्तार के जिसकी भित्ति एकता या तादात्म्य नहीं, सारूप्य है। यानी वे केवल वितर्कित हैं, प्रमाणित नहीं हैं। यह नहीं कि इससे उनकी कार्यक्षमता या शक्ति कम हो जाती है, यही कि उनसे सम्पृक्ति गुणीभूत ही हो सकती है।

५६.

मेरा कर्म मेरा तभी हो सकता है जब मैंने स्वेच्छया उसका वरण किया हो; वरण की स्वतन्त्रता के बिना मैं कर्म का निमित्त हो सकता हूँ, कर्मी नहीं हूँ। और कर्मी नहीं हूँ, तो कर्म के लिए उत्तरदायी भी नहीं हूँ : यानी नैतिक प्राणी नहीं हूँ। मानवीय नैतिकता की पूर्व-प्रतिज्ञा है स्वतन्त्र कर्म।

यद्यपि आस्तिक ईसाई का यह तर्क मैं दूषित समझता हूँ कि उत्तरदायित्व (जो विवेक का दूसरा नाम है) किसी (अन्य) के प्रति है, यानी किसी व्यक्ति के प्रति, यानी ईश्वर के प्रति है : यानी कि नैतिकता को मानना शरीरी ईश्वर-पुरुष (पर्नसल गॉड) को मानना है। मेरी नैतिक सत्ता मेरे स्वातन्त्र्य का प्रमाण है, ईश्वर का नहीं।

५७.

ऐसे स्वतन्त्र राष्ट्र तो हो सकते हैं, जिनमें व्यक्ति-स्वातन्त्र्य का नकार है; पर ऐसे स्वतन्त्र समाज नहीं हो सकते, जिनमें व्यक्ति-स्वातन्त्र्य एक अपरिहार्य मूल्य नहीं है। और इसलिए वहाँ सच्चा समाजवाद भी नहीं हो सकता।

कोई दार्शनिक या तार्किक पद्धति समाज या राष्ट्र की स्वतन्त्रता को एक चरम मूल्य के रूप में प्रतिष्ठित नहीं कर सकती अगर वह व्यक्ति-स्वातन्त्र्य के अपहरण का अनुमोदन करती है।

५८.

वास्तव में 'सत्यं' और 'शान्तमद्वैतं' दो अलग रास्ते हैं, सम्प्रदाय हैं। सत्यं और शान्तं धर्मबीजों में कभी साथ नहीं आते, दोनों साधनायें अलग-अलग हैं। केवल आनन्द दोनों के साथ जा सकता है।

सत्यानन्द भी होते हैं और शान्तानन्द भी। आनन्द में वह स्वलक्षण स्थैर्य और सम्पूर्णता भी है जिसके साथ शान्त जुड़ जाता है, वह स्वायत्त प्रचण्ड शक्ति और गति भी जिससे अलग सत्य हो ही नहीं सकता।

सत्यं अथवा शान्तं—दोनों में से एक चुनना पड़ता है। आनन्दं—वही मात्र चुनने से भी स्वातन्त्र्य है, उसमें सब विकल्प समाहित हैं।

५९.

मानव जब अवधारणा शक्ति पाकर, भाषा पाकर, आत्मचेतन होकर अपूर्वानुमेय हो जाता है, तभी वह साथ-साथ सामाजिक भी हो जाता है।

पूर्वानुमान से परे चले जाना स्वाधीन हो जाना है, पर उसी के साथ और उसी मात्रा में सामाजिक हो जाना भी है।

इसका सम्पूर्ण आशय क्या है ? क्या यों उसकी स्वाधीनता की एक परिधि बँध जाती है और यों वह अर्थहीन हो जाती है ? ऐसा मानना यही मानना होगा कि सामाजिकता भी अर्थहीन हो जाती है। अर्थात् उस स्तर का विकास अर्थहीन हो जाता है।

अत: सामाजिकता को स्वाधीनता का विपर्यय न मानकर उसका विस्तार ही मानना होगा। मानव की सामाजिकता ही वह पीठिका होगी, जिस पर उसकी स्वाधीनता की इमारत खड़ी होती है। मानव स्वाधीन है तो अपने आप मात्र में स्वाधीन नहीं है, वह अपने से इतर में, दूसरे में, स्वाधीन है। जितना, जिस मात्रा में, वह समाज को स्वाधीन बनाने में योग देता है, उतना, उस मात्रा में ही, वह स्वाधीन है।

अवश्य ही व्यक्ति का स्वातन्त्र्य उसकी स्वाधीनता का एक आयाम है। मानव व्यक्ति भी अपूर्वानुमेय है। पर आत्मचेतन होना केवल व्यक्ति-चेतन होने तक सीमित नहीं रह सकता, वह समाज-चेतन होना भी है। मैं मैं हूँ; पर मेरे मैं होने की चेतना में ही मेरा एक व्यक्ति होना और मेरा एक समाज का अंग होना दोनों निहित हैं। उस समाज का अंग होना, जिसके कारण मेरी स्वाधीनता परिधि में घिरती नहीं, बल्कि अभिव्यक्ति का क्षेत्र और आधार पाती है—मेरा मानववत् क्रियाशील होना सम्भव बनाती है। वही तो पशु की क्रिया और मानव के कर्म में अन्तर है।

६०.

आज यह पहचान अनिवार्य हो गयी है कि स्त्री को माँ, बहन, बहू, बेटी इत्यादि ही मानना, वास्तव में उसके निजी स्वतन्त्र व्यक्तित्व को नकारना है। स्त्री को हमेशा रिश्ते के किसी पुरुष के माध्यम से देखना समाज को पुरुष-संचालित मानने का ही एक विस्तार है। स्त्री अपने आप में कुछ नहीं है, उसका अपना व्यक्तित्व कुछ नहीं है, उसके लिए केवल कर्मों और कर्तव्यों का एक समूह है, एक 'रोल' है जो इस दृष्टि से निर्धारित होता है। और क्योंकि इस तरह पुरुष-समाज बड़ी आसानी से नारी के व्यक्तित्व की सत्ता को ही नकार जाता है, इसलिए आज उस कथित

'पूजा-भाव' का कोई अर्थ नहीं रहता। जिस समाज में नारी को व्यक्तित्व ही नहीं दिया जाता, उसमें नारी की पूजा भी नहीं होती, न हो सकती है; उसमें इस पूजा का अर्थ 'स्वार्थ-पूजा' या 'पेट-पूजा' वाली पूजा से अधिक नहीं रहता। सच्चे अर्थ में पूज्य वही स्त्री हो सकती है, जिसके व्यक्तित्व को समाज ने एक स्वतन्त्र सत्ता के रूप में स्वीकार किया है।

भाषा : साहित्य

६१.

भाषा कल्पवृक्ष है। जो उससे आस्थापूर्वक माँगा जाता है, भाषा वह देती है। उससे कुछ माँगा ही न जाये, क्योंकि वह पेड़ से लटका हुआ नहीं दीख रहा है, तो कल्पवृक्ष भी कुछ नहीं देता।

६२.

शिक्षा का आधार है भाषा; और भाषा की स्वतः प्रमाणता, प्रामाणिकता जितनी इस देश में हमेशा से मानी जाती रही है उतनी शायद बीसवीं सदी तक दुनिया की किसी संस्कृति या किसी दर्शन में नहीं मानी जाती रही। वास्तविकता, रियलिटी, भी वाक् के बिना कोई अस्तित्व नहीं रखती, ऐसा हमारे ही पूर्वज मानते रहे, औरों के कम-से-कम पूर्वज तो ऐसा नहीं मानते। मुझे शिक्षा मिली, शिक्षा का आधार है भाषा; पर भाषा मुझे नहीं मिली। लोग भाषा सीखकर एक भाषा में वाक्सिद्ध होते, मैं कम-से-कम दो भाषाओं में गूँगा हूँ, जिस समय मैं अपनी सहज बोली में सोचना सीख रहा होता, उस समय मैं पराये शब्द-समूह को रटना सीख रहा था, जिस समय मुझे गर्व होता कि मैं अपने को पहचानता हूँ, अपना निर्माता बल्कि अपना रचयिता हूँ, उस समय मैं गर्व कर रहा था कि परायी लादी ओढ़ और ढो सकता हूँ, कि मैं अपना अनुवादक हूँ। यों शिक्षा मुझे मिली लेकिन बेपेंदी की।

मुझे सभी कुछ मिला, पर सब बेपेंदी का। शिक्षा मिली, पर उसकी नींव भाषा नहीं मिली; आज़ादी मिली, लेकिन उसकी नींव आत्म-गौरव नहीं

मिला, राष्ट्रीयता मिली, लेकिन उसकी नींव अपनी ऐतिहासिक पहचान नहीं मिली।

६३.

हिन्दी अपने आरम्भ से ही प्रतिष्ठान के विरोध की भाषा रही है। न कभी प्रतिष्ठान ने उसको अपनाया, न उसे कभी यह सोचने का कारण या आधार मिला कि वह प्रतिष्ठान के साथ सम्पृक्त है या हो सकती है। इस विरोध की भावना ने उसे एक विलक्षण आत्मविश्वास दिया, एक गहरे धार्मिक संस्कार के बीच भी लौकिक जनमात्र के महत्त्व का बोध कराया। हिन्दी का यह प्रतिष्ठान-विरोधी स्वायत्त सत्ता का भाव देश के आज़ाद होने तक बना रहा। आज़ादी मिलने पर कुछ दिनों के लिए ऐसा लगा कि हिन्दी प्रतिष्ठान द्वारा अपना ली जायेगी, और इससे कुछ असमंजस का-सा भाव भी उत्पन्न हुआ। लेकिन यह स्थिति बहुत दिनों तक नहीं रही। इसके कारणों में जाना यहाँ आवश्यक नहीं है। जो दूसरी चीज़ आपके समक्ष रखने की है वह यह कि एक ओर प्रतिष्ठान-विरोध की मूल प्रवृत्ति का निर्वाह करते हुए हिन्दी दूसरी ओर परम्परा का संवहन करने वाली भाषा भी रही। यह एक अत्यन्त महत्त्व की बात है जिसका और जिसके परिणामों की हिन्दी के इतिहासकार प्रायः उपेक्षा कर जाते हैं। अपने स्वभाव और अपनी प्रादेशिक स्थिति के कारण हिन्दी में निरन्तर एक सांस्कृतिक केन्द्रोन्मुखता बनी रही जिसके कारण भारत भर में होने वाले सांस्कृतिक विकास को चिन्तन की नयी प्रवृत्तियों को उसने ग्रहण किया और फिर समस्त देश में वितरित किया। दक्षिण भारत और महाराष्ट्र के प्रभाव हिन्दी ने ब्रजमण्डल में ग्रहण किये और फिर सुदूर असम तक वितरित कर दिये। इसी प्रकार बंगाल और नेपाल से सांस्कृतिक प्रवृत्तियों को ग्रहण करके उसने सुदूर दक्षिण तक पहुँचाया। सही अर्थों में हिन्दी एक सांस्कृतिक 'क्लियरिंग हाउस' का काम करती रही।

६४.

सबसे पहले भाषा अपने आपको पहचानने का साधन है...दूसरी चीज़ जो भाषा करती है—उसी अवधारणा करने की शक्ति के आधार पर—वह

यह कि भाषा मूल्यों की सृष्टि करना सम्भव बनाती है।...तीसरी एक और चीज़ भी भाषा के साथ सम्भव होती है। भाषा के द्वारा हम यथार्थ की एक नये ढंग से पहचान सम्भव कर सकते हैं। मैं समझता हूँ कि भाषा का महत्त्व हमारे जीवन में इसलिए है कि ये तीन रास्ते, और अन्तहीन रास्ते, भाषा हमारे सामने खोल देती है। इन तीनों को अलग-अलग करके एक बार देख लें तो उसके बाद मैं यह कहना चाहता हूँ कि इन तीनों का जोड़ हमारी संस्कृति होती है। संस्कृति में ये तीनों चीज़ें आवश्यक हैं : (१) कि हमें यथार्थ की पहचान हो, (२) कि हमें अस्मिता की पहचान हो और (३) कि हम में मूल्य-बोध हो। यह संस्कृति की बुनियाद होती है और इसलिए यह कहना अनुचित नहीं होगा कि भाषा संस्कृति की बुनियाद होती है।

६५.

भाषा को सिर्फ़ आज छप रहे या चलते साहित्य से जोड़कर देखने से कुछ लाभ नहीं होगा। भाषा का सार्थक विचार करने के लिए समूची संस्कृति / सभ्यता के साथ उसके समग्र सम्बन्ध का विचार करना होगा। यदि सभ्यता भौतिकवादी, उपयोगितावादी, उपभोगवादी, शोषणमूलक है तो भाषा भी वैसी ही होगी। इसे सिर्फ़ भाषा का अवमूल्यन मानने से नहीं चलेगा, उसकी तह में सभ्यता का ही जो अवमूल्यन है, हीन मूल्यों पर आश्रित जो अवधारणा है, उसे देखना होगा। भाषा में जान डालने के लिए संस्कृति में जान होनी चाहिए। सर्जनात्मक भाषा मुर्दा या मरणशील समाज की नहीं होगी—सर्जनात्मक समाज से ही सर्जनात्मक भाषा मिलेगी। ऐसा क्यों है या होता है कि कुछ समाजों में सर्जनात्मकता पर बड़ा ज़ोर होता है, उसे बड़ा ऊँचा मूल्य मानकर उसका सम्मान होता है, जबकि कुछ दूसरे समाजों में उसे सन्देह और शंका की दृष्टि से देखा जाता है,और गतानुगतिकता पर ही ऊँचा मूल्य होता है? भाषा केवल समाज-जीवन का, उसकी मूल्य- दृष्टि का मुकुट और प्रतिबिम्ब होती है, उसका कारण नहीं।

६६.

यह बात
मैंने कही है

पर जिस भाषा में कही है
उसे मैंने जिया है।
भाषा के साथ मेरे रिश्ते दूसरे भी हैं
पर यहाँ भाषा एक बहाव है
जिसे मैंने अपने को दिया है
स्रोत में बहा हूँ मैं, टूटा हूँ
मँजा हूँ, पत्थर से प्रतिमा हुआ हूँ
जिसमें अपने को पहचानता नहीं अब मैं,
जिसे ही अब मैं भी पहचानता हूँ
और फिर नि:संशय जानता हूँ
कि अब वह सब तक पहुँच सकती है, पहुँचेगी
उनके भीतर गूँज सकेगी
और गूँजती हुई उन्हें भी उसी बहाव की
उसी लहर में डालेगी
जो
उनसे भी
एक विश्वरूप ढालेगी

६७.

यह भाषा
सम्पराय है
जिसमें विराट
अपने को प्रकटाता है
और हर अंश उस में अपने को पाता है।

६८.

साधु भाषा, निस्सन्देह भाषा की एक मर्यादा है। वह भाषा को ही नहीं, यथार्थ को एक ढंग से सीमित करती है। जो अशिव है, या अश्लील है, उसे कहने के लिए उसमें कोई भाषा नहीं रहती और इस प्रकार वह एक अधूरी, अधपकी यथार्थता रह जाता है। साधु भाषा अशिव और अश्लील

को पंगु और अक्षम कर देने के लिए (शिवेतरक्षय) यथार्थ को एक तरह से सीमित करती चलती है—उसे शिष्ट चेतना के आलोकित क्षितिज के ऊपर नहीं आने देती, चाहे उसके नीचे बने रहने का धुँधला, अस्वस्तिकर ज्ञान भी उसे बना रहे।

आज हमें साधु भाषा की चिन्ता नहीं है—आज का तथाकथित 'लोक-समर्थक' आग्रह भाषा की साधुता को आभिजात्य के साथ जोड़कर उसका तिरस्कार करता है। परिणाम ? आज यथार्थ को दूसरे छोर से, ठीक उलटे आग्रह के साथ उसी ढंग से सीमित किया जा रहा है। मानदण्डों की ही ग़लत समझ से हम संस्कारिता को ही खो रहे हैं—बल्कि मिटाये दे रहे हैं। इसीलिए आज प्यार के लिए तो कोई भाषा नहीं है, पर सेक्स के लिए भाषा है जो अनुदिन विशदतर होती जा रही है। आज प्यार ही पंगु और अक्षम है, गूँगा है, प्यार की यथार्थता खण्डित और सन्दिग्ध है, उसी की चर्चा मानो अश्लील है और एक अस्वस्तिकर भाव मन में जगाती है, जबकि सेक्स तो 'स्वस्थ' है, प्रकृत है, श्लाघ्य है।

६९.

हमने कहा कि कला एक अपर्याप्तता की भावना के प्रति व्यक्ति का विद्रोह है। इसका अभिप्राय क्या है ? कला सम्पूर्णता की ओर जाने का प्रयास है, व्यक्ति की अपने को सिद्ध प्रमाणित करने की चेष्टा है। अर्थात् वह एक प्रकार का आत्मदान है, जिसके द्वारा व्यक्ति का अहं अपने को अक्षुण्ण रखना चाहता है, सामाजिक उपादेयता—यद्यपि भौतिक उपादेयता से श्रेष्ठ ढंग की उपादेयता का अनुभव करना चाहता है। अतएव अपनी सृष्टि के प्रति कलाकार में एक दायित्व भाव रहता है—अपनी चेतना के गूढ़तम स्तर में वह स्वयं अपना आलोचक बनकर जाँचता रहता है कि जो उसके विद्रोह का फल है, जो समाज को उसकी देन है, वह क्या सचमुच इतना आत्यन्तिक मूल्य रखती है कि उसे प्रभावित कर सके, सिद्धि दे सके ? इस प्रकार कला-वस्तु का—रचना का—एक नैतिक मूल्यांकन निरन्तर होता रहता है। इस क्रिया को हम यों भी कह सकते हैं कि 'सच्ची कला कभी अनैतिक नहीं हो सकती', और यों भी कह सकते हैं कि 'प्रत्येक शुद्ध कला-चेष्टा में अनिवार्य रूप से एक नैतिक उद्देश्य निहित

है' अथवा 'सच्ची कला-वस्तु अन्ततः एक नैतिक मान्यता (एथिकल वैल्यू) पर आश्रित है, एक नैतिक मूल्य रखती है।' हाँ, यह ध्यान दिला देना आवश्यक होगा कि हम एक श्रेष्ठतर नीति (एथिक) की बात कह रहे हैं, निरी नैतिकता (मॉरैलिटी) की नहीं।...'आत्मदान' अहं को ही पुष्ट करने के लिए है, क्योंकि अहं को छोटा करके व्यक्ति सम्पूर्ण नहीं रह सकता, बल्कि शायद जी भी नहीं सकता। इस प्रकार कलाकार का आत्मदान केवल एक नैतिक मान्यता के लिए ही नहीं होता, सच्चे अर्थ में 'स्वान्तः सुखाय' भी होता है, और वह सुख अपनी सिद्धि पा लेने का, समाज को उसके बीच रहे होने का प्रतिदान दे देने का सुख है। 'कला कला के लिए झूठ नहीं है, वह अत्यन्त सत्य है, लेकिन एक विशेष अर्थ में।'

७०.

वास्तव में उच्चकोटि का नैतिक-बोध और उच्चकोटि का सौन्दर्य- बोध, कम-से-कम कृतिकार में प्रायः साथ-साथ चलते हैं। क्यों ? क्योंकि दोनों बोध मूलतः बुद्धि के व्यापार हैं, मानव का विवेक ही दोनों के मूल्यों का स्रोत है और दोनों के प्रतिमानों या मानदण्डों का आधार। विवेकशील मानव की—विशेषकर उस विवेकशील मानव की, जिसमें सर्जनात्मक शक्ति या प्रतिभा भी है—ग्राहकता दोनों को ही पहचानती है। बुद्धि, और जिस पर बुद्धि आधारित है वह अनुभव—निरन्तर विकासशील और संस्कारशील हैं। निरन्तर सूक्ष्मतर होती हुई संवेदना एकांगी भी हो सकती है, पर जहाँ सर्जनात्मक शक्ति है वहाँ एकांगिता की सम्भावना कम है और पुष्ट सौन्दर्य-बोध के साथ पुष्ट नैतिक-बोध भी होता ही है। जिस प्रकार कृतिकार सुन्दर का स्रष्टा होकर असुन्दर के सायास परित्याग के द्वारा सुन्दर की उपलब्धि नहीं करता, उसी प्रकार वह नैतिक द्रष्टा होकर सायास अनैतिक के विरोध द्वारा नैतिक को नहीं पाता; उसकी परिपुष्ट संवेदना सहज भाव से दोनों को पाती है—और देती है। इसीलिए कला हमें आनन्द भी देती है, हमारा उन्नयन भी करती है।

७१.

प्रतिभा क्या है ? वह एक आभ्यन्तर तनाव की स्थिति है। वह तनाव सबमें

नहीं होता, या एक-सा नहीं होता। इसीलिए कुछ कलाप्रेमी होते हैं, कुछ कलाकार-स्वभाव के होते हैं पर कलाकार नहीं होते, और कुछ कलाकार होते हैं। जहाँ यह तनाव नहीं है वहाँ आगे सोचने की ज़रूरत नहीं है। जहाँ है, वहाँ फिर भी बहुत-से प्रश्न पूछने को रह जाते हैं, बल्कि वहीं उठते हैं। यह प्रतिभा वस्तु को ग्रहण कैसे करती है, अनुभव कैसे करती है, सम्प्रेष्य क्या है, सम्प्रेषण की प्रवृत्ति कैसी है और उसका दबाव कितना है? यदि साधन प्रतीक है तो उनमें कितनी शक्ति है, कितनी अर्थवत्ता है—कितनी व्यापकता है?

प्रतिभा विषय का सम्प्रेषण नहीं करती, उसका अर्थ सम्प्रेषित करती है—और वह अर्थ साधारण (यूनिवर्सल) होना चाहिए। प्रतिभा वस्तु को सम्प्रेष्य नहीं बनाती, अनुभव को सम्प्रेषित करती है और वह अनुभव अद्वितीय (यूनीक) होना चाहिए।

अनुभव की अद्वितीयता और अर्थ की साधारणता—प्रतिभा के दो इष्ट हैं या कहा जाये कि इन दो ध्येयों का योग ही उसका इष्ट है। जिस प्रक्रिया से यह योग सिद्ध होता है, वही रचना-प्रक्रिया है। और सब प्रक्रियाएँ यन्त्र की हैं और उनके प्रति अधिक सजगता भी उनकी यान्त्रिकता को कम नहीं करती, हमारी यान्त्रिकता को भले ही बढ़ा दे।

७२.

जब मैं आरम्भ में यह मानकर चला हूँ कि लेखक और लेखक के नाते ही परिवेश की समस्या को देख रहा हूँ तो उसमें भी निहित है कि मानता हूँ कि रास्ता है। जब लेखक रहते हुए कोई रास्ता नहीं दीखेगा तब लेखक रहने की भी कोई अनिवार्यता नहीं रह जायेगी। रास्ते ज़रूर हैं। पर अगर हैं तो वे राजमार्ग हैं, यह कहना कठिन है। शायद झूठ भी होगा। रास्ते हैं, होंगे, पर सभी बीहड़ होंगे और सबके अपने-अपने अलग-अलग रास्ते होंगे। शायद लेखक होकर चलने में यह निहित भी है कि राजमार्ग का दावा छोड़ दिया गया होगा, अपना रास्ता बनाते हुए ही चलना होगा।

मुझे तो इसमें कहीं साहित्य की पहचान की एक कसौटी भी दीखती है : मूल्य दीखता है। जिस साहित्य में रास्ते की पहचान का संकेत मिलेगा, वह साहित्य टिकेगा। जो नितान्त प्रतिक्रियात्मक है जिसमें आज के भय,

सन्त्रास, अजनबीपन,...आदि का भरपूर वार पाठक अथवा ग्रहीता पर पड़े, हो सकता है वैसा साहित्य आज की स्थिति के आस्वाद का आभास अधिक दे। पर रास्ते की चाह भी स्थिति का एक अन्यतम तत्त्व है; इस तत्त्व की उपेक्षा नहीं की जा सकती और जिस साहित्य में आज के आस्वाद के दूसरे सब रस हैं, लेकिन इस चाह और पहचान का आस्वाद नहीं मिलता, वह उस स्थिति का अधूरा ही सम्प्रेषण कर रहा है : आस्वाद का जो आभास है उसमें थोड़ा धोखा भी, आभास भी है; तत्त्व की उतनी कमी है।

७३.

साहित्य-सर्जक को जहाँ पूर्वजों से मिले हुए दाय को स्वीकारना होगा, वहाँ उसे अपनी स्वाधीनता के लिए भी लड़ना होगा। उसकी रचना में इस बात का साक्ष्य मिलना ज़रूरी होगा कि जहाँ उसने अपने पूर्वजों को सही पहचाना है, वहाँ उसने उनसे अलग-अलग द्वन्द्व-युद्ध भी किया है और प्रत्येक को हराया है। सभी रचना-कर्म स्वाधीनता के अपने दावे में ही इस बात का स्वीकार भी होता है कि रचनाकार ऋणशोध भी कर रहा है। इसी प्रक्रिया के द्वारा कला-रचना हमारे चेतना-क्षेत्र का विस्तार करती है और उसकी गहराई बढ़ाती है, दिक् और काल दोनों आयामों को समृद्धतर बनाती है। जिसे हम सर्जकत्व अथवा रचनाशीलता कहते हैं वह कदाचित् मानव के अपनी स्वाधीनता के क्षेत्र को अपनी स्वाधीनता की चेतना को बढ़ाने के—उस स्वाधीनता का उपयोग और उपभोग करने की क्षमता के विस्तार के—अन्तहीन प्रयास का ही नाम है। सर्जनशील लेखक स्वाधीनता का ही सर्जक है, इसे पहचानकर ही हम लेखक की अवस्थिति को ठीक-ठीक पहचान सकते हैं। किसी भी काल में ऐसा हो सकता है कि साहित्यकार को अपने समय और अपने समाज के व्यापक संवेदन के विरोध में अकेले खड़ा होना पड़े। ऐसे अवसर भी जीवन में हमेशा नहीं आते; लेकिन जब ऐसे अवसर आयें तब यह बिलकुल सम्भव है कि कवि हमारे सामने जो कुछ प्रस्तुत कर रहा है, वह केवल उसके लिए मूल्यवान न हो—बल्कि कदाचित् हमारे सारे जीवन को ही अर्थ, लक्ष्य और दिशा देने के लिए आवश्यक हो।...असम्भव नहीं कि वह उस समय उसी चुनौती का उत्तर दे रहा हो जिसे उपनिषदों ने मनुष्य-मात्र के सामने रखा था : कृतं स्मर क्रतो स्मर।

७४.

हमारी स्मृति के परिदृश्य उस बिन्दु से बनते हैं जिस पर हम खड़े होते हैं। किसी भी देश का साहित्य उस देश के द्रष्टाओं द्वारा स्वीकार और प्रतिष्ठापित परिदृश्यों को प्रस्तुत करता है—उनकी स्मृतियों का सर्जनात्मक सम्प्रेषण करता है। मैं तो स्वयं लेखक हूँ, और लेखक होने के नाते दूसरे लेखकों से यह माँग नहीं करता कि वे सामने आकर घोषित करें कि वे कहाँ खड़े हैं, जैसे कि मैं किसी दूसरे का यह अधिकार नहीं माँगता कि वह मुझसे ऐसी माँग करे। लेकिन, हम जो कुछ लिखते हैं, वह जिस तक पहुँचाना चाहते हैं, उस पर इस बात का प्रभाव अनिवार्यतया पड़ेगा कि हम कहाँ खड़े होकर, किस प्रकाश में रचना कर रहे हैं, वहाॅ से स्मृति का कैसा परिदृश्य बनता है। स्मृतियाँ उसकी भी होंगी क्योंकि भाषा उसकी भी है। उसका एक परिदृश्य भी पहले से होगा, जिसे हम अपने द्वारा प्रस्तुत परिदृश्यों से प्रभावित करेंगे। हमारी प्रामाणिकता की कसौटी का क्षेत्र यहीं है, जहाँ ये परिदृश्य टकराते हैं—प्रामाणिकता उसके लिए भी और स्वयं हमारे अपने लिए भी।

७५.

आलोक के क्षणों में जो परिदृश्य खुल जाते हैं उन्हें किसी शास्त्र-सम्मत व्यवस्था में जोड़ने का काम कवि का नहीं है। वह काम तो शास्त्रज्ञों का है। कवि को मिलने वाले आलोक को भी मैंने दिव्य इसीलिए कहा है कि वह स्मृति का आलोक है और वह स्मृति तर्कातीत है। स्मृति के परिदृश्य इतिहास के परिदृश्य नहीं हैं, बल्कि इतिहास से मुक्ति के परिदृश्य हैं। वह दिव्य प्रकाश तथ्यों को मूल्यों से वेष्टित करता है; यदि हम उन मूल्यों को नकारते अथवा मिटा देते हैं तो उन तथ्यों का भी कोई अस्तित्व नहीं रहता। कवि के लिए यह मुक्त करने वाला मूल्य ही केन्द्रीय तत्त्व है और उसी के आसपास सारा संसार घूमता है। कवि के लिए दिक्काल की बाहरी संरचना दिक्काल के एक आभ्यन्तर बोध का आवेष्टन है।...

आत्मद्वीप कवि भी होता है, और कदाचित् उसके दीप की लौ से असंख्य दूसरे दीयों की बत्तियाँ आग पकड़ती हैं। लेकिन कवि का विराट दर्शन अन्तिम नहीं होता। शायद यह कहना भी अन्याय न हो कि कवि का विराट

दर्शन होता ही नहीं : वह विराट के स्वरूप को नहीं देखता बल्कि केवल यह बोध प्राप्त करता है कि विराट है—और वह भी जब-तब विराम क्षणों में। इसी बोध का प्रकाश उसके शब्द को दीप्त कर जाता है और उसकी भाषा को अपूर्वानुमेय बना जाता है। भाषा एक सामाजिक समय है; समाज में सम्प्रेषण का आधार वही हो सकता है जो न केवल पूर्वानुमेय है वरंच जिसके प्रत्येक पद का एक निर्धारित मूल्य हो। इस अर्थ में भाषा एक और अनेक को परस्पर एक-दूसरे से बाँधती है। सर्जनात्मक भाषा समय से ऊपर उठती है, अपूर्वानुमेय होती है, सम्प्रेषण की नयी प्रणालियाँ ही नहीं, सम्प्रेष्य नया संसार भी रचती है। इस प्रकार रचनात्मक भाषा बन्धनों से मुक्त करती है और मुक्ति के नये गलियारे उद्‌घाटित करती है।

७६.

काव्य में 'क्षण' के आग्रह का एक पक्ष शुद्ध ऐन्द्रीय छापों के ग्रहण की ओर जायेगा ही : स्थूल यथार्थ की खोज का आधार इन्द्रियों को—गोचर अनुभवों को मानकर, जो कि अपने आप में ग़लत नहीं है। ऐसी एक धारा सर्वत्र देखी गयी है; यथार्थ के आग्रह का एक पक्ष इस विशेष प्रकार या कोटि के यथार्थ की ओर झुका है—अनुभव में गोचर अनुभव को ही 'प्रत्यक्ष' मानकर।

पर स्थूल यथार्थ कला का यथार्थ नहीं है। यानी कि वही मात्र या कि उतना मात्र कला का यथार्थ नहीं है। कला में वही यथार्थ है जिससे सम्बद्ध, सम्पृक्त हुआ जा सके—सम्बद्ध यथार्थ ही कला का यथार्थ है। इसलिए चेतना द्वारा नियन्त्रित और शोधित ऐन्द्रीय बोध आवश्यक हो जाता है। न केवल स्थूल यथार्थ अपने आप में यथेष्ट होता है, न ऐन्द्रीय बोध अपने आप में पर्याप्त आधार; कल्पना आवश्यक हो जाती है। इस प्रकार हम इस विरोधाभास तक पहुँचते हैं कि कला का यथार्थ बिना कल्पना की सहायता के प्राप्त नहीं हो सकता।

७७.

छन्द : भाषा की ध्वनियों का संगठन या नियमन। छन्द के द्वारा हम साधारण बोलचाल के गद्य की लय को नियमित करते हैं—यानी स्वर-

मात्राओं के परस्पर सम्बन्धों को सरलतर बना देते हैं : जो निहित रहता है उसे विहित कर देते हैं—या कर नहीं देते तो पहचाना जाने लायक कर देते हैं। छन्द स्वरों को स्पष्टतर करता है : भाषा की गति को धीमा करता है क्योंकि स्वरों की मात्रा बढ़ाता है : दीर्घतर स्वर अपनी पूरी अनुगूँज के साथ सामने आते हैं। उनकी सच्ची रंगत पहचानी जाती है। स्वरों की रंगत भावना की रंगत है : अतः छन्द के द्वारा स्वर अर्थ की वृद्धि करते हैं। छन्दमय उक्ति हमें शब्दार्थ भर नहीं देती। रंजना-विशिष्ट भावार्थ देती है।

छन्द शब्दों को मूर्त करता है, मुखर करता है, उसके ध्वन्याकार को आलोकित करता है।

छन्द काव्य-भाषा की आँख है। भाषा अपने को केवल सुनकर भी काम चलाती रहती है; काव्य-भाषा अपने को देख भी लेती है।

७८.

वाचिक से पठित (छपी हुई) कविता तक आने में काव्य का स्वरूप बदला, इसका अर्थ केवल इतना नहीं है कि कविता को नया छन्दःशास्त्र मिल गया—या मिला नहीं तो मिलने की सम्भावना भी हो गयी और अनिवार्यता भी। उससे अधिक महत्त्व की बात है कि नये छन्द ने उस वस्तु को भी प्रभावित किया जो उस छन्द में निबद्ध थी : वस्तु और रूप के अभिन्न सम्बन्ध का पूरा आशय यही है कि दोनों पक्ष दोनों को बदलते और अपने अनुकूल ढालते हैं।

नया काल-बोध—काल से नये सम्बन्ध का बोध—लय : काल-प्रत्यय का एक प्रकार—मात्रा पर नहीं तनाव पर आधारित लय—काल : तनाव की एक प्रणाली—आधुनिक काल : न निर्झर, न आवर्त, न कसी हुई कमानी पर एक ओर से पड़ता हुआ बल...पारम्परिक छन्द के ढाँचे में आधुनिक काल-बोध की अभिव्यक्ति की सम्भावना नहीं हो सकती थी।

काल से नया सम्बन्ध—एक नयी जीवन-दृष्टि, नया विश्व-दर्शन, वर्ल्ड व्यू...

७९.

आज के साहित्य की—यानी आज के भारतीय साहित्य की—बात सोचते

समय सबसे पहले भाषा की बात ध्यान में आती है। एक बहुत गहरे अर्थ में सभी भारतीय भाषाओं में समकालीन यथार्थ की खोज वास्तव में भाषा की खोज रही है। निस्सन्देह इस बात को उलटकर भी कहा जा सकता है—कि समकालीन भाषा की खोज वास्तव में समकालीन यथार्थ की खोज है। लेखक सामाजिक परिवर्तन की गतिशीलता से आक्रान्त है; एक अत्यन्त गतिशील यथार्थ को पकड़ने में जुटा है। 'पकड़' भाषा की ही पकड़ हो सकती है। भाषा नहीं है तो पकड़ नहीं है अर्थात् साहित्य के सन्दर्भ में यथार्थ नहीं है।

तीन प्रमुख उपन्यासों का समाज : रवीन्द्रनाथ ठाकुर के 'गोरा' में शहर और शहरी अभिजात व्यक्ति जीवन्त है; गाँव की दुनिया का संकेत भर है और उसके यथार्थ के साथ गोरा का आदर्शवादी लगाव-भर है। प्रेमचन्द के 'गोदान' में स्थिति उलट गयी है : गाँव और गाँव का पात्र जीता है, शहर 'वहाँ दूर कहीं' है जहाँ गाँव के लोग भागकर रोज़ी कमाने जाते हैं : शहरी समाज का एक आदर्शवादी तिरस्कार भर है। फणीश्वरनाथ 'रेणु' की 'परती परिकथा' में पूरा गाँव है, वही पूरा परिदृश्य है, पर कितना परिवर्तनशील परिदृश्य! पूरा उपन्यास ग्राम-समाज की संक्रान्ति का ही चित्र है।

समाज अपनी छाप लेखक पर डालता है। लेखक फिर 'समाज' की रचना करता है : भाषा के माध्यम से। 'समाज' और समाज को समकक्ष रखकर हम लेखक के यथार्थ-बोध की कसौटी करते हैं, उसके मन का मूल्यांकन करते हैं।

८०.

आज की लड़ाई एक चेहरा-विहीन शत्रु के साथ होती है, इसलिए हम उसे निरन्तर चेहरे देते रहते हैं और एक-एक चेहरे के हटने के बाद दूसरे की खोज करते रहते हैं। आज भी ले लीजिये : हमारा 'प्रोटेस्ट' कई देशों-समाजों में कई रूपों में प्रकट हो रहा है, जबकि वास्तव में वह उतने अलग-अलग प्रकार का नहीं है। यहूदी के विरुद्ध, काले के विरुद्ध, गोरे के विरुद्ध, वायुमण्डल दूषित करने वाले के विरुद्ध, सफ़ाई के विरुद्ध—ये कई तरह के 'प्रोटेस्ट' वास्तव में एक लड़ाई को निजी और व्यक्तिगत फोकस देने के लिए हैं; एक लड़ाई जो कि बुनियादी तौर पर निर्व्यैक्तिक

हो गयी है या है। लड़ाई एक पूरे सत्ता-प्रतिष्ठान के विरुद्ध है, जिसमें सारा शासन है, सारा समाज-संगठन है—और इसलिए जिसमें हम भी हैं। जिन लोगों ने इस परिस्थिति में ग़ुस्से से सारे समाज को नकारा है, उनकी भी यह परिणति हुई है कि वे आपस में मिलकर, संगठित होकर एक नया प्रति-प्रतिष्ठान बन गये हैं : ग़ुस्से के बावजूद उतने ही चेहरा-रहित और निर्व्यैक्तिक।

एक निर्व्यैक्तिक शत्रु के विरुद्ध व्यक्तिगत रूप से कैसे लड़ा जाये? इस युद्ध को छाया-युद्ध कह सकते हैं, माया-युद्ध कह सकते हैं; नाम अर्थयुक्त भी होंगे; पर उससे परिस्थिति का तनाव तो नहीं बदलता। उसे हम 'ट्रैजिक' भी कह सकते हैं—पर 'ट्रैजिक' वह दुखान्त के अर्थ में नहीं, हताशा के अर्थ में नहीं; ट्रैजिक इसी अर्थ में कि वह निर्व्यैक्तिक शत्रु के विरुद्ध व्यक्ति का अभियान है, जिसे वह निरर्थक नहीं होने देना चाहता।

'शेखर : एक जीवनी' में शेखर से कहलाया था कि 'हम एताद्दशत्व (दसनेस) मात्र को बदलना चाहते हैं' : एताद्दशत्व को बदलना चाहना एक रोमानियत-भरी मुद्रा ही है और शेखर के साथ वह सही भी थी क्योंकि जिस आन्दोलन का वह अंग था, उसका अन्दाज़ ख़ासा रोमानियत-भरा था। पर सवाल बना रहता है : संघर्ष निर्व्यैक्तिक के विरुद्ध व्यक्ति का है; नैतिक युद्ध है क्योंकि मूल्यों के लिए है पर 'अतिनैतिक प्रतिद्वन्द्वी' से है।

बहरहाल, यह संघर्ष है नागरिक का ही, इसलिए कवि का, कविता का वह नहीं है।

आज के स्वीकृत मूल्यों को प्रतिष्ठित करने के लिए मैं क्यों यत्नशील होऊँ? जो स्वीकृत है, उसी को जो प्रतिष्ठित करता है, वह तो तब पहले ही बीता हुआ है, कम-से-कम अतीत-गन्धी तो है ही। जो साहित्य या काव्य अपने समय की चिन्ताओं को, सन्देहों को व्यक्त करता है, मूल्यों का संकट पहचानकर उन नये मूल्यों को पाने के लिए छटपटाता है, जो इस संकट के पार बचे रह सकते हैं, वही आज का साहित्य है। जिस संघर्ष की बात मैंने की है, वह कवि का ही न रहकर कविता का—साहित्यकार का न रहकर साहित्य का—होता है तो इसी अर्थ में।

८१.

लेखक हमें जिस व्यापकतर सत्य से, सामाजिक अनुभव से सम्पृक्त

करता है, अगर उसकी व्याप्ति, गहराई, सच्चाई की पहचान के साथ-साथ हमें पाठक की हैसियत से यह लगे कि यह सच या कि यह अनुभव, है तो हमारा ही, हमारे जीवन का, हमारे बीच का है, पर यदि इस लेखक की प्रतिभा ने उसका सम्प्रेषण हम तक न किया होता, उसकी ऐसी सजीव पहचान हमें न करायी होती, तो वह अलक्षित ही रह जाता, तो वह लेखक महान् लेखक है।

शायद इससे आगे भी एक बात हम पूछ या देख सकते हैं। अमुक सत्य इस लेखक ने हमें न दिखाया होता तो वह अलक्षित ही रह जाता; पर उसके द्वारा दिखा दिया जाने के बाद अब हम कल्पना भी नहीं कर सकते कि हम अब तक इतने अन्धे कैसे थे कि इसे देख नहीं पा रहे थे। अगर पहली बात में महत्ता की पहचान थी तो इससे उस पर मुहर लग जाती है।

अर्थात् जिस लेखक के बारे में हम यह कह सकें कि इसने हमें सत्य दिया वह न केवल हमारे व्यापकतम अनुभव के क्षेत्र का है, बल्कि इसने हमें न दिखाया होता तो यह अनदेखा रह जाता, पर एक बार दिखा दिया जाने के बाद कभी ओझल होने का नहीं है—वही लेखक महान् है। जिसके बारे में हम यह सब न कह सकें पर इतना मानें कि उसका दिया हुआ सत्य हमारे व्यापक अनुभव के क्षेत्र का है—वह अच्छा लेखक है, महान् नहीं है। कितना अच्छा है, यह इस पर है कि वह सत्य कितना सार्वलौकिक और व्याप्ति के अर्थ में 'साधारण' है।

८२.

एक अकेलापन कलाकार का होता है। उसमें एक अनिवार्यता है; उसमें सर्जनशीलता भी है।

एक अकेलापन वार्धक्य का होता है। उसमें अगर अनिवार्यता है भी तो उस कोटि की नहीं है : वह कुछ दूर तक अनावश्यक भी है और उसका सुधार वश्य भी—और शायद वांछनीय भी। यह अकेलापन सर्जनशील नहीं है, एक सीमित अर्थ में उपयोगी हो सकता है।

कलाकार का अकेलापन पानी जैसा है—पानी जिसका नाम जीवन है, जिसमें सब आकार जन्म लेते हैं। वृद्ध का अकेलापन छननी का है :

उसमें से पानी छान लिया जा सकता है—संवेदनाओं और रूपाकारों को स्वच्छतर अनाविल रूप में पाया जा सकता है।

कलाकार का अकेलापन जोड़ता है, मथता है, रागविद्ध करता है, नद्ध करता है; वृद्ध का अकेलापन विलगता है, निथारता है, असम्पृक्त करता है।

कलाकार मानव है, भोक्ता मानव, वह मानव-जाति के साथ घनिष्ठ सहभोग के नाते जुड़ता है। वृद्ध भी मानव है, अनासक्त मानव, मानव-जाति के साथ उसका नाता रागातीत सेवा का नाता है।

एक तीसरा अकेलापन भी है। वृद्धत्व की ओर बढ़ते हुए कलाकार का, जो पहचान रहा है कि उसकी सर्जन की प्रतिभाएँ—शक्तियाँ चुक रही हैं, चुक जायेंगी; और जो एकटक देखता है कि सघन सम्पृक्ति के भोग में वह अपने को वे दीक्षाएँ देना भूल गया है, जिनसे ही वह संन्यस्त विलगता प्राप्त हो सकती है जो वृद्धत्व को सार्थक करती है।

पानी : पानी अपने को कैसे छानता है?

८३.

संस्कार को हम 'ऑटो सेंसर' कहकर सोचते हैं कि हमने कोई नया आविष्कार कर लिया या कि भाषा की समस्या हल करने का कोई नया गुर पा लिया। 'ऑटो सेंसर' में दोष क्या है?—बल्कि सवाल इतना ही हो सो भी नहीं है : ऑटो सेंसर से मुक्ति कहाँ है? बल्कि उसकी अवज्ञा करने में भी जो स्वचेतना है वह भी सहजता की दुश्मन है और है एक ऑटो सेंसर ही, आप यह तर्क भले ही दे लें कि सेंसर तो अवरोधक होता है, उकसाने वाला नहीं होता। और ऐसा केवल भाषा के उपयोग में ही हो, ऐसा तो नहीं है; चेतना का ही एक अंग हमारे अनुभवों को सँवारता, एक क्रम देता, पिछले अनुभव की कसौटी पर नये अनुभव को परखता और नये की कसौटी पर पिछले को नया मूल्य देता चलता है : स्मृति का भी एक अनिवार्य संस्कारी धर्म है (आपके नये मुहावरे में सेंसरिंग फंक्शन) और वह केवल समीक्षक या आलोचक या इतिहासकार का नहीं है, एक सृजनशील क्रिया है; भाषा को ऑटो सेंसर से मुक्त करना चाहना वास्तव में यह चाहना है कि स्मृति और चेतना ही अपना एक धर्म छोड़ दे।

रास्ता सेंसर से छुटकारा पाने का नहीं है। उसका आकर्षण कुछ इसलिए भी बनता है कि सेंसर नाम में एक तरह का नकारवाद निहित है—सेंसर वह जो नुक्ताचीं हो, हमें मनचाहा न करने दे; इसलिए सेंसर को मार गिराना चाहना बहादुरी का काम है। पर ऑटो सेंसर से मुक्ति चाहना संस्कारी मन से मुक्ति चाहना है, और जब संस्कार मन के धर्म में है तो फिर ऑटो सेंसर से मुक्ति मन से मुक्ति है; और वह 'माइण्डलेस' भाषा जिसकी साध्य हो...

रास्ता सहजता का भी हो सकता है; और वह ऑटो सेंसर को मार गिराने की आत्म-चेतना छोड़कर संस्कार के सहज स्वीकार का ही होगा। मेरे संस्कारों का जो स्वर है, उसके अनुरूप मेरी भाषा का भी एक सहज, 'अन-सेल्फ-कांशस' स्तर होगा।

इससे जुड़ा हुआ एक दूसरा प्रश्न है। जुड़ा हुआ है, पर दूसरा है। यों महत्त्व का है।

सहजता ही एकमात्र साध्य नहीं है। और यह भी हो सकता है कि मेरा (और इसलिए मेरी भाषा का) सहज संस्कार नाकाफ़ी हो—मेरी ज़रूरतों के लिए, मेरे जीवन के लिए, मेरी बदलती परिस्थितियों के लिए। इसका जवाब फिर यह नहीं है कि ऑटो सेंसर को मारो; जवाब यह है कि ऑटो सेंसर के एक जत्थे या संगठन के बदले एक दूसरा जत्था या संगठन बनाओ—नये संस्कार ग्रहण करो। यह भी हम निरन्तर करते चलते हैं—अपनी संवेदना या संग्राहकता के आधार पर कोई कम, कोई अधिक और यह भी हम अवचेतन और सचेतन दोनों स्तरों पर कर सकते हैं। सचेतन स्तर पर यह संघर्ष भाषा में तनाव पैदा करता है, वह अवांछित नहीं भी हो सकता है; हल हो जाने पर वह हमें फिर वहाँ पहुँचा या छोड़ दे सकता है जहाँ एक नयी सहजता हमें प्राप्त हो गयी हो।

८४.

यथार्थ इकहरा नहीं होता। पर उसे एक तो होना चाहिए। विभिन्न कलाओं में अगर यथार्थ अलग-अलग दीखें तो प्रत्येक कला को इसमें चुनौती महसूस करनी चाहिए—विभिन्न यथार्थों या यथार्थ के आभासों की समान भूमि की तलाश की छटपटाहट होनी चाहिए।

कहाँ है वह छटपटाहट? ऐसा क्यों है, और क्यों सहा स्वीकारा जा रहा है कि साहित्य में यथार्थ-चित्रण में जो बात कमी या दोष मानी जाये वही चित्रकला में गुण या विशिष्ट प्रतिभा के रूप में सम्मान पाये?

और तो और, ऐसे भी हैं जो स्वयं साहित्यकार—साहित्यालोचक भी हैं और कला-समीक्षक भी, और जो बेझिझक कविता में एक नज़र से देखते हैं, कला में दूसरी; काव्य का यथार्थ एक पहचानते हैं, कला का दूसरा; साहित्य में जुझारू हैं और हथियारों की बात करते हैं, कला में पाल क्ली और मोन्द्रियान और शगाल के भक्त हैं।...

यह तो होता रहा है कि कलाओं में, संवेदना के स्तर में जब-तब अन्तर आ जाये। प्राचीन भारत में (जैसा कि सभी पारम्परिक समाजों में) कला-चिन्तन सदैव काव्य-क्षेत्र से फैलकर दूसरे क्षेत्रों में गया—यानी काव्य हमेशा दूसरी कलाओं को तत्त्व-दर्शन भी और दृष्टि भी देता रहा। दूसरी कलायें पीछे रहीं तो काव्य का नेतृत्व स्वीकार करके निरन्तर यथार्थ के एक दर्शन की ओर बढ़ती रहीं। यूरोप में भी मध्यकाल के अन्त तक यही स्थिति रही—वहाँ भी 'पारम्परिक' समाज ही रहा। अठारहवीं शती से स्थिति बदली : उन्नीसवीं में प्राय: सारा कला-चिन्तन चित्रकला के क्षेत्र में हुआ और उसी की दृष्टि और तत्त्व-दर्शन ने साहित्य को प्रभावित किया। यानी इस काल में चित्रकला आगे थी और उसके नेतृत्व में साहित्य यथार्थ के एक दर्शन की ओर बढ़ा। बहरहाल, चिन्तन में जहाँ भी स्तर-भेद हुआ वहाँ विचारों की धारा एक क्षेत्र से दूसरे क्षेत्र की ओर बह निकली और बहती रही जब तक दोनों ओर स्तर फिर बराबर नहीं हो गया—दोनों क्षेत्रों का यथार्थ-दर्शन एक नहीं हो गया।

पर आज—यहाँ? दो समान्तर यथार्थ हैं, दो समान्तर दुनियाएँ हैं। दोनों को एक-दूसरे की ख़बर ही न हो ऐसा भी नहीं है : पर दोनों अपने-अपने अलग-अलग जुगराफ़िये लिये घूम रहे हैं और किसी पक्ष को चिन्ता नहीं है कि वास्तव में दो समान्तर दुनियाएँ हैं या हो सकती हैं या कि हमने चश्मे ही ऐसे ग़लत लगा रखे हैं कि हमें दो-दो बिम्ब दीख रहे हैं और आगे बढ़ना हमारे लिए इसलिए असम्भव हो रहा है!

और साहित्य-पक्ष कदाचित् अधिक दोषी है : उसे इस द्वैध की कुछ अधिक जानकारी है, फिर भी वह सोचने की बाध्यता नहीं महसूस करता यानी अधिक अन्धा है। उसने मानो अपनी नाक के ठीक आगे दीवार बना

रखी है : एक आँख बन्द करके एक तरफ़ की दुनिया को 'सम्पूर्ण' देख लेता है : दूसरी बार दूसरी आँख बन्द कर दूसरी तरफ़ की दुनिया को उतना ही 'सम्पूर्ण' देख लेता है। दीवार तोड़कर दोनों को मिलाने की बात जैसे उसे सूझती ही नहीं।

और विज्ञान के प्रभाव की, समाज-दर्शन के प्रभाव की, आधुनिक जीवन के प्रभाव की, समकालीन यथार्थ तक की (!) बात वह मज़े से कर लेता है—जैसे कि दो परिवेशों को प्रभावित करने वाले दो विज्ञान, दो दर्शन, दो आधुनिकताएँ, दो समकालीनताएँ हों जिनमें आदान--प्रदान न तो हो ही रहा हो, न वांछनीय हो, न अनिवार्य ही....

८५.

दो बातें एक साथ नहीं होतीं, पर साथ की जाती हैं। अगर साहित्य-स्रष्टा में सूक्ष्मतर या तीव्रतर या अधिक ग्रहणशील संवेदना है तो वह ऐसे लक्षण भी पहचान सकता है जो साहित्य में अभी प्रकट नहीं हुए हैं, लेकिन जिनका आविर्भाव आसन्न है। इसी अर्थ में वह क्रान्तदर्शी या भवितव्यदर्शी हो सकता है। जो साहित्य में प्रत्यक्ष है और जिसे सभी देख सकते हैं, उसे देखना 'आगे देखना' नहीं है। पर अगर हम एक ओर यह अतिरिक्त ग्रहणशीलता माँगते हैं, उसकी अपेक्षा रखते हैं, तो दूसरी ओर स्रष्टा से यह भी कैसे चाह सकते हैं कि जो उसे दीख रहा है, उसे प्रकाशित साहित्य से—और उससे भी आगे बढ़कर सामाजिक प्रवृत्तियों के साक्ष्य से प्रमाणित करे ? सामाजिक प्रवृत्तियों का अध्ययन करके, उनका आगे प्रक्षेपण करके कुछ परिणाम निकाले जा सकते हैं, कुछ पूर्वानुमान हो सकते हैं। यह भी एक वैज्ञानिक प्रक्रिया है और हर समाजशास्त्री इससे परिचित है, इसका उपयोग भी करता है। पर साहित्यकार के संकेत केवल ऐसे पूर्वानुमान नहीं हैं। वे सूक्ष्मतर स्तरों की सूचना देते हैं और गृहीत छाप तथा उस पर आधारित घोषणा या सूचना का सम्बन्ध निरा वैज्ञानिक या गणितीय प्रक्षेपण नहीं होता, उसमें एक सहज ज्ञान अथवा 'इन्ट्यूइशन' क्रियाशील होता है। कह लीजिए कि वह तर्क से परे है : चाहें तो कह लीजिये कि वह बुद्धि-व्यापार नहीं है, यद्यपि बुद्धि-व्यापार को पूरी तरह तर्क की परिधि से बँधा मानना बड़ी संकुचित दृष्टि है।

८६.

उपन्यास मूलत: एक कालबद्ध रचना है। काल में घटित का ही रूपयुक्त वृत्तान्त उपन्यास है। इसलिए अगर काल-बोध भिन्न है तो उपन्यास का रूप भिन्न होगा : अगर उपन्यास—रूप विशिष्ट है तो काल-बोध भी विशिष्ट होगा।

इस परिप्रेक्ष्य में आख्यान का अगर कोई विशिष्ट रूपाकार है, जिसे भारतीय प्रतिभा की अनन्य उपज माना जा सके तो वह 'शृंखलाबद्ध कथा' या 'कहानी के भीतर कहानी' ही है।

...

शृंखलित कथा की जड़ें दो हैं।

पहली तो यह कि वह व्यवहार और व्यावहारिक ज्ञान की भूमि लोक-जीवन में खोजती और पाती है : उस ठोस, 'सयाने' सफलतापरक (प्रैग्मैटिक) चलती का नाम गाड़ी कोटि के व्यावहारिक ज्ञान की, जिसके सहारे हमारा दैनन्दिन जीवन चलता है—उस समय भी जब हम उच्चतर क्षेत्रों के सपने देख रहे होते हैं या गहनतर विषयों की थाह ले रहे होते हैं।

दूसरी यह कि उसका काल-बोध पश्चिम से न केवल पृथक् है बल्कि अभी कुछ काल पहले तक पश्चिम के लिए दुर्बोध और अगम्य रहा है। पश्चिमी नाटकीय सन्दर्भ की 'काल की एकता' का भारतीय सन्दर्भ में कोई अर्थ नहीं रहा, क्योंकि भारतीय दृष्टि में सब काल सहवर्ती हो सकते थे। पश्चिमी शॉर्ट स्टोरी और भारतीय कथा में ये दो अलग-अलग काल-बोध प्रतिबिम्बित और परिलक्षित होते हैं। शॉर्ट स्टोरी का लेखक उद्विग्न है, जल्दी में है, विश्लेषण करता चलता है; उसका काल-बोध ऐतिहासिक, ऋजुरेखानुसारी, अप्रत्यावर्त्य है। 'हो चुके' पर 'हो रहा' वरीयता पाता है, और हर घटना का एक अन्त होता है, परिणति होती है, भारतीय कथाकार या क़िस्सागो इत्मीनान में है, मज़े-मज़े चलता है, उसकी दृष्टि संग्राहक है; उसका काल-बोध सांस्कृतिक और वृत्तानुसारी है। उसमें आना और जाना तो है, पर अन्त या चुक जाना नहीं है। जो हो चुका है, वह घटित के नाते ही निरन्तर घटमान है। न कोई आदि है, न अन्त है।

मैं तो भारतीय लेखक हूँ न? न्यूनाधिक भारतीय—जैसा कि मेरा देश ही

न्यूनाधिक भारत है! और मैं न्यूनाधिक आधुनिक लेखक भी हूँ—जिसका अभिप्राय यह है कि मैं उन नाना प्रभावों के प्रति खुला हूँ जो राष्ट्रीय सीमाओं का अतिक्रमण करते हुए आते हैं।

इस प्रकार मैं आधुनिक विधाओं में रचना करता हूँ, पर उसी रूप में जिसमें एक भारतीय वैसा कर सकता है।

तो मैं कह सकता हूँ कि मेरा काल-बोध भी दोहरा है—बल्कि दोहरे से कुछ अधिक क्योंकि मैं दो प्रकार का काल-बोध स्वीकार करके उनका परस्पर विरोध निराकृत करना चाहता हूँ।

इस विशेष परिस्थिति का भी प्रतिबिम्ब आज भारत के उपन्यास में हो सकता है : उसके लिए विशिष्ट तन्त्र का आविष्कार या विकास हो सकता है। होगा, तो जिस सीमा तक होगा या जिस मात्रा में होगा उसी में या उसी तक हम एक भारतीय रूपाकार की बात कर सकेंगे। पर वैसा करके भी हम उसे किसी दूसरे राष्ट्रीय या जातीय रूपाकार की प्रतिस्पर्धा में नहीं रखेंगे—यही कहना होगा कि वह उपन्यास मात्र को एक देन है : उपन्यास मात्र की श्रीवृद्धि उससे होती है।

८७.

वाचिक परम्परा में कथाकार हमें दो समान्तर यथार्थों का बोध कराना चाहता था; आज हम एक ही अनेक-स्तरीय यथार्थ का संश्लिष्ट अनुभव कराना चाहते हैं। यह अन्तर एक बुनियादी अन्तर है और इसे अच्छी तरह समझ लेना आवश्यक है। शिल्प की सभी नयी युक्तियाँ इस नयी परिस्थिति का सामना करने और उसे वश में करने के प्रयत्न का परिणाम है। भाषा की सब नयी समस्याएँ भी इसी के साथ जुड़ी हैं। हम जानते हैं कि मनोजगत में घटना बड़ी तेज़ी से, संश्लिष्ट ढंग से, अनेक स्तरों पर, अनेक अनुभूतियों और परस्पर-विरोधी स्मृतियों, चिन्ताओं और अनुमानों को एक साथ गड्ड-मड्ड भोग में भोगते हुए, और साथ ही एक व्यवस्थित क्रम में लगाते हुए, और उनका विवेचन तथा मूल्यांकन भी करते हुए, घटित होती हैं। फलतः घटना के वर्णन के लिए, वृत्तान्त-वार्ता के लिए हमें भाषा भी ऐसी चाहिए जो एक साथ इतनी गड्ड-मड्ड और इतनी विशद, व्यःवस्थित, विश्लिष्ट भी हो और जो इतना त्वरित, संश्लेषण और सम्प्रेषण भी कर सके।

चेतना के स्तर केवल चेतना के स्तर नहीं हैं, यथार्थ के भी स्तर हैं; क्योंकि वह अनेक-स्तरीय चेतना ही तो यथार्थ के ग्रहण का हमारा माध्यम है।

और चेतना का एक पक्ष जहाँ हर चीज़ को क्रम और व्यवस्था देता है (जिस क्रम और व्यवस्था और परीक्षण-मूल्यांकन का आधार हमारा अतीत अनुभव और उसकी स्मृति है), वहाँ दूसरा पक्ष आत्यन्तिक रूप से क्रम-विरोधी है और सभी स्तरों, सभी अनुभूतियों की समकालीनता और सहभोग का सहारा चुनता है।

कथा-भाषा की—कथा में वृत्तान्त प्रस्तुत करने की बुनियादी समस्या यहाँ है। एक साथ ही अनुक्रम और क्रमहीन सहवर्तिता को कैसे सम्प्रेषित किया जा सकता है? भाषा की कौन-सी युक्तियाँ हमें अनुभव के और उसके सम्प्रेषण के बीच की इस खाई के पार ले जा सकती हैं?

आधुनिक कथा-साहित्य इस समस्या के निराकरण की साहस-यात्रा है। और उपन्यास का इतिहास प्रधानतः उस यात्रा का वृत्तान्त बन जाता है।

८८.

अर्थवान् शब्द अर्थ की सृष्टि तो करता है, लेकिन अर्थ की सीमा नहीं बाँधता। रूपकार्य की सृष्टि अर्थ-सृष्टियों का एक द्वार खोलती है जिसके आगे सीमाहीन सम्भावनायें गूँज रही होती हैं। इसीलिए सच्चे रचनात्मक साहित्य का, सच्चे साहित्य सर्जन का, एक कालातीत आयाम होता है। उससे हमें लगातार नये अर्थ मिलते रहते हैं। अब अगर यह बात ठीक है—और इसकी एक उत्पत्ति यह भी है कि हम किसी एक समय में अन्तिम रूप से यह नहीं कह सकते कि अमुक एक काव्यकृति का यही और इतना ही अर्थ है और भविष्यत् युगों में उसमें नया अर्थ नहीं पाया जा सकेगा—तो हम कैसे दावे के साथ यह कह सकते हैं कि अमुक साहित्य-रचना अमुक प्रभाव उत्पन्न करेगी और केवल अमुक प्रकार की ही प्रेरणा दे सकेगी? कालजित् साहित्य मानव को (और क्या इस शब्द को यह विस्तार भी देने की ज़रूरत है कि मानव-समाज को और मानव-संस्कृति को) निश्चय ही प्रभावित कर सकता है और करता है, लेकिन ये प्रभाव पूर्वानुमेय नहीं हो सकते और इसलिए यह नहीं कहा जा सकता कि साहित्य से कोई भी एक विशेष और सीमित प्रभाव पैदा करने का

काम लिया जा सकता है—कोई विशेष सामाजिक परिवर्तन लाने का काम लिया जा सकता है। यह तो बिलकुल सम्भव है कि जो विशेष सामाजिक परिवर्तन हमें वांछित जान पड़ता हो, उसकी दिशा में भी साहित्य का प्रभाव क्रियाशील हो, लेकिन यह सीमा बाँध देना सम्भव नहीं होगा कि किसी भी महान् साहित्यिक रचना का प्रभाव केवल उतना और केवल उसी दिशा में होगा; क्योंकि यह उसे सम्पूर्णतया पूर्वानुमेय मानकर चलना होगा और हम साहित्य अर्थात् रचनात्मक अर्थवान् शब्द और मानव अर्थात् प्रतीक-स्रष्टा प्राणी की परिभाषा में ही इस सीमा को नकार चुके हैं। साहित्य जो परिवर्तन लाता है—या साहित्य से जो परिवर्तन आते हैं और लगातार आते रह सकते हैं—उनका क्षेत्र मानव का पूरा संवेदन है, पूर्वानुमेय से परे जाने वाली उसकी सर्जक कल्पना है। हमने कहा ऐसा तो हो सकता है कि साहित्यिक प्रभावों में से एक प्रभाव वह भी हो जो कि उस समय हमारा वांछित है, या जो हमारे वांछित सामाजिक परिवर्तन को प्रेरणा देगा। लेकिन ऐसा कोई एक परिवर्तन लाने के लिए साहित्य के व्यापक तथा देशकाल की सीमाओं का अतिक्रमण करने वाले सामर्थ्य को अनदेखा करके उससे एक तदर्थ उपकरण अथवा अस्त्र का काम लेना—बात को स्पष्ट करने के लिए एक अतिरंजित बिम्ब का सहारा लूँ—वैसा ही होगा जैसे एक ख़रगोश को मारने के लिए अणुबम का उपयोग।

८९.

मानवीय चेतना का यह स्वभाव है कि वह केवल छाप को ग्रहण नहीं करती, वह प्रत्येक अनुभव को किसी तारतम्य में रखती या जोड़ती चलती है; अनवरत संरचना करती चलती है, एक समग्रता की, एक रूपाकार की पहचान करती चलती है या करने का प्रयत्न करती चलती है। जब-जब ऐसी किसी संरचना की पहचान हमें होती है तब-तब उसका एक छन्द हमें मिलता है। इसी अर्थ में जहाँ भी रचना है, जहाँ भी एक रूपाकार की सृष्टि हुई है, हम पा सकते हैं कि वहाँ छन्द है। यह बात हम सभी कलाओं के, प्रत्येक कला की प्रत्येक विधा के बारे में कह सकते हैं; सर्जन मात्र के बारे में कह सकते हैं। सर्वत्र एक समग्र रूपाकार की पहचान छन्द की पहचान है।

जिस बिन्दु पर आकर एक समग्र रूपाकार हमारे सामने स्पष्ट हो जाता है

और एक स्वायत्त संरचना के रूप में खड़ा हो जाता है, उसी बिन्दु पर रचना 'पूरी' हो गयी होती है और उससे आगे उसमें कुछ छोड़ा नहीं जा सकता—कुछ छोड़ना या काटना उस समग्रता को खण्डित करना होगा। यही पहचान उसके छन्द की पहचान है।

९०.

'साहित्य समाज में से निकलता है : साहित्यिक विधाएँ समाज-संगठन को प्रतिबिम्बित करती हैं।' ऐसा कहना भी ठीक है, लेकिन जब हम उसके विरुद्ध यह कहते हैं कि 'साहित्य साहित्य में से निकलता है' तब वह बात भी क्या कम सच होती है? यह देखना ज़रूरी है कि साहित्यिक विधाओं का समाज-संगठन के समान्तर एक अस्तित्व होता है और ये दोनों संरचनायें एक-दूसरे को प्रभावित भी करती हैं। और यह तो है ही कि साहित्य की पुरानी विधाओं में से नयी विधायें निकलती हैं। पुरानी रूप-कथायें पुराने समाज-संगठन से निकली थीं तो बदले में उस समाज को पुष्टि भी देती थी। आज की कहानी आज के समाज-संगठन की उपज है तो वह पलटकर उसकी संरचना को भी प्रभावित करती है क्योंकि उसके संवेदन को रूपाकार देती है। साहित्यिक विधा और उसके समकालीन समाज का यह परस्पर निर्माण का एक सम्बन्ध है। दूसरी ओर पुरानी रूप-कथा और नयी कहानी का भी एक सीधा सम्बन्ध है : विधा में से विधा निकलती है क्योंकि पुराने रूपाकारों में से नये रूपाकार निकलते हैं। साहित्य का सामाजिक इतिहास अथवा समाज-शास्त्रीय विवेचन उपेक्षणीय नहीं है तो साहित्यिक रूपाकारों का भी एक इतिहास होता है और रूपाकारों की ऐतिहासिक विकास-परम्परा भी उपेक्षणीय नहीं है।

विविध : एक

९१.

क्रान्तिकारी अन्ततोगत्वा एक प्रकार के नियतिवादी होते हैं। लेकिन यह नियतिवाद उन्हें अक्षम और निकम्मा बनाने वाला कोरा भाग्यवाद नहीं होता, वह उन्हें अधिक निर्मम होकर कार्य करने की प्रेरणा देता है। इसमें वह गीता के कर्मयोग से एक सीढ़ी आगे होता है—क्योंकि वह कर्त्ता को निरा निमित्त नहीं बना देता। यदि यों कहा जाय कि क्रान्तिकारी का नियतिवाद अटल नियति की स्वीकृति न होकर, जीवन की विज्ञान-संगत कार्य-कारण परम्परा पर गहरा (यद्यपि अस्पष्ट) विश्वास होता है तो शायद सच्चाई के निकट होगा। मेरा ख़याल है आज के अधिकांश वैज्ञानिक भी कुछ इसी प्रकार के नियतिवादी हैं।

९२.

विद्रोही हृदय की एक विशेषता है कि वह अपने विकास में फैलते हुए नूतनतम विचारों को अपनाकर भी विद्रोही ही रह जाता है, क्योंकि वह अपने काल के अग्रणी लोगों से भी आगे ही रहता है। इसीलिए तो प्रतिक्रियावादी जर्मनी में उत्पन्न होकर और पलकर भी आइनस्टाइन विद्रोही है, और संसार की सबसे विराट, सबसे अधिक आग्नेय घोरतम युग-प्रवर्तक रूसी क्रान्ति की गोद में पलकर भी स्टेलिन विद्रोही नहीं हो पाया, जूठन बीनने वाला ही रह गया।

९३.

जिस प्रकार एक लियोनार्दो दा विंशी को या एक रवीन्द्रनाथ ठाकुर को उत्पन्न करने के लिए सहस्र वर्ष का परिश्रम भी अधिक नहीं है, उसी प्रकार एक सम्पूर्ण और आदर्श विद्रोही को उत्पन्न करके ही एक समूची शताब्दी बल्कि एक समूची संस्कृति सफल हो जाती है।

९४.

मैत्री, सख्य, प्रेम—इनका विकास धीरे-धीरे होता है ऐसा हम मानते हैं; 'प्रथम दर्शन से ही प्रेम' की सम्भावना स्वीकार कर लेने से भी इसमें कोई अन्तर नहीं आता। पर धीरे-धीरे होता हुआ भी वह समगति से बढ़ने वाला विकास नहीं होता, सीढ़ियों की तरह बढ़ने वाली उसकी गति होती है, क्रमशः नये-नये उच्चतर स्तर पर पहुँचने वाली। कल का प्रस्फुटन उसकी ठीक उपमा नहीं है, जिसका क्रम-विकास हम अनुक्षण देख सकें : धीरे-धीरे रंग भरता है, पंखुड़ियाँ खिलती हैं, सौरभ संचित होता है और डोलती हवायें रूप को निखार देती जाती हैं। ठीक उपमा शायद साँझ का आकाश है : एक क्षण सूना, कि सहसा हम देखते हैं, अरे, वह तारा! और जब तक हम चौंककर सोचें कि यह हमने क्षण भर पहले क्यों न देखा—क्या तब नहीं था? तब तक इधर-उधर, आगे, ऊपर कितने ही तारे खिल आयें, तारे ही नहीं, राशि-राशि नक्षत्र-मण्डल, धूमिल उल्का-कला, मुक्त-प्रवाहिनी नभ-पयस्विनी—अरे आकाश सूना कहाँ है, यह तो भरा हुआ है, रहस्यों से जो हमारे आगे उद्‌घाटित हैं...प्यार भी ऐसा ही है; एक समोन्नत ढलान नहीं, परिचिति के, आध्यात्मिक संस्पर्श के नये-नये स्तरों का उन्मेष...उसकी गति तीव्र हो या मन्द, प्रत्यक्ष हो या परोक्ष, वांछित हो या वांछातीत। आकाश चँदोवा नहीं है कि चाहे तो तान दें, वह है तो है, और है तो तारों भरा है, नहीं है तो शून्य ही है जो सब कुछ को धारण करता हुआ रिक्त बना रहता है।

९५.

बिना मन के भीतर घुसे, केवल कर्म के आधार पर कोई निर्णय नहीं दिया

जा सकता। आपने एक बार कहा था, ''आत्मा के नक़्शे नहीं होते कि हम चट से फ़ैसला दे दें : इस सीमान्त के इधर स्वदेश, उधर विदेश, इधर पुण्य, उधर पाप। आत्मा के प्रदेश में सीमान्त हर क्षण, हर साँस के साथ बदल सकता है क्योंकि हर क्षण एक सीमान्त है।''

वह बात आज समझ रही हूँ। जीवन एक बार का वरण नहीं है, वह अनन्त वरण है। प्रत्येक क्षण हम स्वीकार और परिहार करते चलते हैं।

९६.

पर फुलफिल होना क्या है ? एक तन्मयता उसने जानी है, एक अभूतपूर्व तन्मयता; लेकिन स्वयं वह जो जान पाया है उससे कुछ अधिक और कुछ अधिक गहरा रेखा उसके निमित्त से जान सकी है—अधिक गहरा क्योंकि वह स्त्री है और स्त्री होते हुए भी उसने वह साहस किया है जो शायद भुवन में भी नहीं है; अधिक गहरा इसलिए कि उसे जानने के लिए पहले जाना कितना कुछ भुलाना भी पड़ा है...तो क्या यही फुलफिलमेंट नहीं है कि कोई किसी को वह चरम अनुभूति दे सके—देने का निमित्त बन सके—जो जीवन की निरर्थकता को सहसा सार्थक बना देती है ?

९७.

प्यार मिलाता है; व्यथा भी मिलाती है; साथ भोगा हुआ क्लेश भी मिलाता है; लेकिन क्या ऐसा नहीं है कि एक सीमा पार कर लेने पर ये अनुभूतियाँ मिलाती नहीं, अलग कर देती हैं, सदा के लिए और अन्तिम रूप से ? अनुभूतियाँ गतिशील हैं, अतीत होकर भी निरन्तर बदलती रहती हैं और व्यक्तित्व को विकसाती हुई उसमें घुलती रहती हैं, लेकिन यह सीमा लाँघ जाने पर वे जैसे गतिशील नहीं रहतीं; स्थिर, जड़ हो जाती हैं; एक न घुल सकने वाला लोंदा, एक वज्र धातु-पिण्ड। फिर व्यक्ति मानो इन अनुभूतियों को चौखटे में जड़कर रख देता है; जीवन एक चलचित्र न रहकर स्थिर चित्रों का संग्रह हो जाता है, और हर नयी सम्भाव्य अनुभूति के आगे व्यक्ति किसी एक चित्र को प्रतिरोधक दीवार की तरह खड़ा कर लेता है।

९८.

समर्पण है तो वह न बाँधता है, न अपने को बद्ध अनुभव करता है; केवल एक व्यापक कृतज्ञता मन में भर जाती है कि तुम हो, कि मैं हूँ। एक-दूसरे को पहचानने के बाद आश्चर्य यह नहीं है कि प्रेम है, कि हम प्यार करते हैं; आश्चर्य यही है कि हम हैं; होना ही एक नये प्रकार का संयुक्त होना है।

९९.

सब कुछ अधूरा है और ज्यों-ज्यों वह आगे पूरेपन की ओर बढ़ता है, नयी अपूर्णताएँ भी उसके आगे स्पष्ट हो जाती हैं...कितना बड़ा है जीवन, कितना विस्तृत, कितना गहरा, कितना प्रवहमान; और उसमें व्यक्ति की ये छोटी-छोटी इकाइयाँ—प्रवाह से अलग जो कोई अस्तित्व नहीं रखतीं, कोई अर्थ नहीं रखतीं, फिर भी सम्पूर्ण हैं, स्वायत्त हैं, अद्वितीय हैं और स्वत: प्रमाण हैं क्योंकि अन्ततोगत्वा आत्मानुशासित हैं, अपने आगे उत्तरदायी हैं; स्वर्ग और नरक, पुण्य और पाप, दण्ड और पुरस्कार, शान्ति और तुष्टि, ये सब बाहर हैं तो केवल समय हैं, सत्य तभी हैं जब भीतर से उद्भूत हों।

वह फिर लिखने बैठ गया :

"वह रूपक मेरा नहीं है, पर बार-बार मुझे याद आता है और मैं पाता हूँ कि उसमें नया अभिप्राय है : हम सब नदी के द्वीप हैं, द्वीप से द्वीप तक सेतु है। सेतु दोनों ओर से पैरों के नीचे रौंदा जाता है, फिर भी वह दोनों को मिलाता है, एक करता है—गौरा, मैं तुम्हारी ओर हाथ बढ़ाता हूँ—अनुरोधक हाथ; क्या तुम भी अपने हाथ मेरी ओर बढ़ाओगी—वरद हाथ; कि इस प्रकार हम एक सेतु बन सकें जिस पर ईश्वर अगर है तो उसका आसन है ?"

१००.

गहरी अनुभूतियाँ संचयधर्मा ही होती हैं; उनके आन्तरिक दबाव का संचय इतिहासों को बदल देता है...इतिहास के मलबे को साफ़ कर देता है—नयी नींवें खोद देता, ईंटें पका देता है।

१०१.

एक अन्तहीन, परिवर्तनहीन धुँधली रोशनी, जो न दिन की है, न रात की, न सन्ध्या के किसी क्षण की ही है—एक अपार्थिव रोशनी जो कि शायद रोशनी भी नहीं है; इतना ही है कि उसे अन्धकार नहीं कहा जा सकता। हमेशा सुनती आयी हूँ कि क़ब्र में बड़ा अँधेरा होता है, लेकिन यहाँ उसकी भी असम्पूर्णता और विविधता है! शायद यही वास्तव में मृत्यु होती है, जिसमें कुछ भी होता नहीं, सब कुछ होते-होते रह जाता है। होते-होते रह जाना ही मृत्यु का वह विशेष रूप है जो मनुष्य के लिए चुना गया है जिसमें कि विवेक है, अच्छे-बुरे का बोध है। यह उसमें न होता तो उसका मरना सम्पूर्ण हो सकता। जो चुकता वह सम्पूर्ण चुक जाता; या जो रहता उसका बना रहना भी असन्दिग्ध होता। यह हमारे युगों से सँचे हुए नीति-बोध की सज़ा है कि हमारा मरना भी अधूरा ही हो सकता है।

१०२.

जो हमारे भीतर नहीं है वह हम बाहर कैसे दे सकते हैं—कैसे देना चाह सकते हैं? खुली, निखरी हुई, स्निग्ध, हँसती धूप—मैं बाहर उसकी कल्पना करती हूँ तो वह मेरे भीतर भी खिल आती है और मैं सोच सकती हूँ कि मैं उसे औरों को भी दे सकती हूँ। नहीं तो—कितना ठण्डा अँधेरा होता है उसके भीतर जिसे मरना है और सिवा मरने के और कुछ नहीं करना है।

१०३.

यों तो मैं भी नहीं कह सकती कि मैं जानती हूँ, कि मैं सचमुच मानती हूँ। लेकिन कभी जब यह बात सोचती हूँ कि मैं मरने वाली हूँ, और तब मुझे ध्यान आता है कि तुम यहाँ उपस्थित हो—जब मैं अपने से अलग एक सजीव उपस्थिति के रूप में तुम्हारी बात सोचती हूँ—तब मुझे एकाएक निश्चित रूप से लगता है कि ईश्वर है—कि सजीव उपस्थिति का नाम ही ईश्वर है—कोई भी उपस्थिति ईश्वर है। क्योंकि नहीं तो उपस्थिति हो ही कैसे सकती है?

१०४.

मुझे किसका सहारा है, मैं नहीं जानती हूँ। ईश्वर का है, यह भी किस मुँह से कह सकती हूँ? शायद मृत्यु का ही सहारा है। वह है, बिलकुल पास है, सामने खड़ी है—लगता है कि हाथ बढ़ाकर उसे छू सकती हूँ। और यह कहने में और इसमें क्या फ़र्क़ है कि हाथ बढ़ाकर उसका सहारा ले सकती हूँ? ईश्वर...ईश्वर का नाम ले लेना तो बड़ा आसान है, लेकिन बड़ा मुश्किल भी है। और मौत और ईश्वर को हम अलग-अलग पहचान भी तो कभी-कभी ही सकते हैं। बल्कि शायद मन से ईश्वर को तब तक पहचान ही नहीं सकते जब तक कि मृत्यु में ही उसे पहचान न लें।

१०५.

फ़र्श पर पड़ा हुआ चेहरा। शरीर से अलग चेहरा—निरा चेहरा, सनातन चेहरा। मैंने मानो ध्रुव सत्य के रूप में जान लिया, वह चेहरा ही सेल्मा है और सेल्मा ही धूप की वह थिगली है जो कभी भी मिट जा सकती है, लेकिन फिर भी ज्यों-की-त्यों बनी रहती है क्योंकि उसका होना उसके न होने से अलग नहीं है।

सेल्मा का, सेल्मा के पास, कोई इतिहास नहीं है, केवल स्मृति है। सेल्मा भी इतिहास नहीं, स्मृति है, शुद्ध स्मृति। वह एक साथ यहाँ भी और अन्यत्र भी जीती है, आज भी और कल भी और सभी दिनों में एक साथ ही जाती है। और इसलिए वह अलग नहीं है, अकेली नहीं है।

और मैं—मैं यहाँ अभी इस क्षण में जीती हूँ—मुझमें स्मृति नहीं है। मुक्त मुझे होना चाहिए, लेकिन मैं इतिहास से क्षयग्रस्त हूँ और अकेली हूँ। मरना सेल्मा को है, मरेगी वह, लेकिन मर रही हूँ मैं, अकेली मैं...

१०६.

जीवन सर्वदा ही वह अन्तिम कलेवा है जो जीवन देकर ख़रीदा गया है और जीवन जलाकर पकाया गया है और जिसका साझा करना ही होगा क्योंकि वह अकेले गले से उतारा ही नहीं जा सकता—अकेले वह भोगे

भुगता ही नहीं। जीवन छोड़ ही देना होता है कि वह बना रहे और भर-भरकर मिलता रहे; सब आश्वासन छोड़ देने होते हैं कि ध्रुवता और निश्चय मिले। और इतर सब जिया और मरा जा चुका है, सबकी जड़ में अँधेरा और डर है; यही एक प्रत्यय है जो नये सिरे से जिया जाता है और जब जिया जाता है तब फिर मरा नहीं जाता, जो प्रकाश पर टिका है और जिसमें अकेलापन नहीं है।

१०७.

योके सेल्मा के पलंग की ओर और नहीं बढ़ सकी, ईश्वर के विरुद्ध ही उसका आक्रोश फिर प्रबल हो आया। थुड़ी है ईश्वर पर जो उसे इतना अकेला करके भी अकेला नहीं छोड़ रहा है, जो एक लाश की आँखों में छेद करके उनके भीतर से मुझे झाँक रहा है, मुझ पर जासूसी करने आया है—थुड़ी है!

मुझे इतना अकेला करके...अकेला होना—मृत्यु के साथ अकेला होना—मृत्यु में अकेला होना। इस चरम अकेलेपन और स्वयं मृत्यु में क्या अन्तर है? क्या हुआ अगर ईश्वर चोरी से देख रहा है, उस अकेली मृत्यु को—क्या ईश्वर भी मरा हुआ नहीं है?

१०८.

क्या कोई प्रार्थना उसे याद है? क्या प्रार्थना का भाव भी उसके मन में है? क्या वह ईश्वर को जानती या मानती भी है, इससे अधिक कि उसका नाम लेकर थूके! ईश्वर केवल एक अभ्यास है, और उसके नाम पर थूकना भी अभ्यास है...

'मुझे क्षमा कर दो!' उसे याद आया कि सेल्मा ने उससे कहा था। सेल्मा ने, जबकि कभी भी कोई भी परिस्थति ऐसी आयी थी कि जिसमें किसी को किसी से क्ष्मा माँगनी हो, तो वह सेल्मा से योके के क्षमा माँगने की ही थी।

योके ने किसी तरह कहा : 'क्षमा करो, सेल्मा— ' और बर्फ़ का डोल उस पर उलटा दिया। फिर वह तेज़ी से डोल भर-भरकर उस पर डालने लगी।

...क्या कहीं भी ईश्वर है, सिवा मानवों के बीच इस परस्पर क्षमा-याचना

के सम्बन्ध को छोड़कर? यह क्षमा तो अभ्यास नहीं है, याचना भी अभ्यास नहीं है; तब यह सच है, और ईश्वर है तो कहीं गहरे में इसी में होगा...पर क्या क्षमा, कैसी क्षमा, किससे क्षमा? मैं जो हूँ वही हूँ; और सेल्मा—सेल्मा मर चुकी है—है ही नहीं। फिर भी क्षमा सेल्मा से, ईश्वर से नहीं जो कि बीमार है और गन्धाता है—मृत्यु-गन्धी ईश्वर...

१०९.

क्या इतनी ही है पुरुषार्थ की उपलब्धि—एक अकेली गुफा से बढ़कर एक दूसरी गुफा तक पहुँचना जिसके अकेलेपन को एक ठठरी दोहरा रही है?

सेल्मा ने कहा था : 'वरण की स्वतन्त्रता कहीं नहीं है—हम कुछ भी स्वेच्छा से नहीं चुनते हैं।' ईश्वर भी शायद स्वेच्छाचारी नहीं है—उसे भी सृष्टि करनी ही है क्योंकि उन्माद से बचने के लिए सृष्टि अनिवार्य है; वह सृष्टि नहीं करेगा तो पागल हो जायेगा।

लेकिन यहाँ तो रचना की बात नहीं है। मृत्यु की बात है—मृत्यु, मृत्यु, मृत्यु...क्या उसमें भी कहीं रचना के लिए, सृष्टि के लिए गुंजाइश है? क्या यही रहस्य था, जिसका कुछ आभास सेल्मा को मिला था...कि वरण की स्वतन्त्रता नहीं है, लेकिन रचना फिर भी सम्भव है और उसमें ही मुक्ति है?

११०.

योके ने कहा : 'किया?'

जगन्नाथन् ने उसके कान के पास मुँह ले जाकर स्निग्ध भाव से पूछा : 'क्या?' फिर एकाएक उसका प्रश्न समझकर जल्दी से कहा : 'हाँ, योके! किया। माफ़ किया—पर माफ़ करने को कुछ है तो नहीं।'

योके ने बहुत ही धीमे, लगभग न सुने जा सकने वाले स्वर में कहा, 'मैंने भी किया। अच्छा आदमी।...उसको भी—'

जगन्नाथ ने पूछा : 'पॉल को?'

एक क्षणिक दुविधा का-सा भाव योके के चेहरे पर आ गया। या कि

बेहोशी से पहले के क्षण में उसका मन बहक रहा था? फिर उसने कुछ कहा जिसे जगन्नाथन् ठीक-ठीक सुन नहीं पाया। इतना तो स्पष्ट ही था कि योके ने पॉल का नाम नहीं लिया था; कुछ और कहा था। क्या कहा था, यह जानने का अब कोई उपाय नहीं रहा था, लेकिन साक्षी जगन्नाथन् को एकाएक ध्रुव निश्चय हो आया कि योके ने कहा था, 'ईश्वर को।'

१११.

एक दूसरी भी आग है जहाँ से शिखा ऊपर को उठती है।

यह मेरी देह है।

क्या ज़रूरी है कि यह आग चिता की हो?

क्या यह यज्ञ की ज्वाला नहीं हो सकती?

चिति दोनों में है। आग के लिए मैंने क्या जुटाया, इससे क्या? वह तो सिर्फ़ जलने के लिए है। आग में मैं आहुति क्या दे रहा हूँ, इसी पर तो सब कुछ है। क्या मैं फूँक रहा हूँ, या कि किस चीज़ को शोध रहा हूँ?

११२.

मैं मृत्यु का गीत नहीं गाता। पर मृत्यु है, इसलिए गाता हूँ। इसीलिए गीत स्तवन हो जाता है—जीवन का।

११३.

मृत्यु से साक्षात्कार के क्षण में जीवन का अर्थ समझ में आता होगा। पर यह अस्तित्ववादी सिद्धान्त सच्चाई का केवल एक अंश या पहलू है। पूरी बात यह है कि वास्तविकता का पूरा अर्थ और सच्चा रूप उस मुक्तावस्था में दीखता है जो उत्सर्ग के, विदाई के क्षण में नहीं, मुक्ति के क्षण में दीखता है—उस मुक्ति के जो जीवन के उत्सर्ग से मिलती है। उसे मुक्ति का क्षण न कहकर मृत्यु के साक्षात्कार का क्षण कहना प्रक्रिया को समझने में भूल करना है। अहर्निश, निरवधि उत्सर्ग ही मुक्ति है; मुक्ति से सम्यक्

दृष्टि मिलती है; सम्यक् दृष्टि से हम वास्तविकता का, सत्ता का अर्थ पहचानते हैं।

११४.

सिसिफ़स एक व्यक्ति नहीं, एक अवस्थिति है; वह न जाने कितने रूपों में दीख जायेगा! जैसे यह : बावड़ी से पानी लाने जाते हैं एक छिदा हुआ घट लेकर; पानी भरते हैं और लौटते हैं पर ठिकाने पहुँचते तक घट रीत चुका है और फिर बावड़ी पर जाना अनिवार्य हो गया है...

एक दिन अर्चना के बाद, मैं वह शीतल जल अवश्य पियूँगा। पर अभी तो बावड़ी तक जाना है और लौटना है और जाना है और...

वह दिन कब होगा? जिस दिन समझ में आ जायेगा कि घट भरकर ले आने का प्रयत्न व्यर्थ है : वहीं जितना पिया जा सकता है उतना ही पानी है।

११५.

अगर धर्म 'वह', 'वहाँ' रखा है, तभी ईश्वर भी 'वह' 'वहाँ' (रखा) है। अगर धर्म रचनात्मक कर्म है, कर्म-जीवन है तो मैं क्षण-क्षण कर्म करता हुआ, कर्म की कसौटी करता हुआ, विकल्पों में से एक का वरण करते हुए निरन्तर कसौटियों का सृजन करता हुआ, ईश्वर को भी क्षण-क्षण रचता चलता हूँ। 'वह', 'वहाँ' भी ईश्वर होगा—क्योंकि वह है तो कहाँ नहीं है, कहाँ नहीं होगा? —पर मेरा वह उतना ही होगा जितना मैं उसे रचूँगा। उस समय में उतना ही जिस समय में जितना मैं उसे सिरजकर अपने समक्ष रखूँगा—समक्ष कर सकूँगा। और जिस समय में जितना मैं उसे रचकर प्रत्यक्ष करता हूँ—जितना वह मेरा होता है उतना ही मैं उसका होता हूँ।

बिना इस गत्यात्मक तनाव के, इस तनाव-कसे बुनाव के, धर्म की Experiential सत्ता क्या है—ईश्वर की भी Experiential सत्ता क्या है?—'वह'। 'वहाँ'। लेकिन यहाँ, यहाँ, यहाँ क्या?!

सर्जनात्मक सतत् सृष्टधर्म, सर्जनात्मक सतत् सृष्ट ईश्वर...

और उनके द्वारा अनुपल अनुप्राणित, प्रेरित कर्त्ता मैं...

११६.

युरिडिसी आर्फ़िउस को पुनः मिलती कैसे मिलती जब उसने आधे रास्ते मुड़कर देख लिया कि वह आ रही है कि नहीं? पीछे मुड़कर देखना बोध को 'हिस्ट्री' को सौंप देना है—और हिस्ट्री की दिशा तो मरण की ही दिशा है! आर्फ़िउस के संगीत में ही शक्ति हो सकती थी, थी, कि मृत्यु का अतिक्रमण करके युरिडिसी को रसातल के मृत्युलोक से ऊपर खींच लाये; वही हो भी रहा था कि अपनी कला-प्रतिभा में उसका विश्वास डिगा—और युरिडिसी फिर हिस्ट्री के, मरण के, चंगुल में फँस गयी...

कितनी संस्कृतियों में कितने प्रकार से यही अभिप्राय प्रस्तुत किया जाता है : सदैव पीछे देखते ही मन्त्र का ऊर्जा-तन्तु टूट जाता है और इतिहास का मकड़ी-जाला फिर जकड़ जाता है! वास्तव में पीछे देखना ही मृत्यु को सौंपना है; वही कवच की सन्धि है जहाँ से काल मारता है। नहीं तो क्या है जिसे हम जीवित नहीं रख सकते, मृत्यु के चंगुल से छुड़ाकर नहीं ला सकते, नाद में अमर नहीं कर सकते?

११७.

राधा : जो प्रसन्न करती है (राधू), सुख देती है—रति—नीत्शे का प्लेज़र-प्रिन्सिपल, फ्रॉएड का इट—आनन्द की वह मूल खोज जिसका माध्यम हम अपनी ज्ञानेन्द्रियों को बनाते हैं...

गोविन्द : जो इन्द्रियों (गो) को घेरता है (विन्द)—वह सतर्क खोजी जो ज्ञानेन्द्रियों को खोज में लगाता है पर सविवेक, कि खोज निरी मुग्ध भटकन न बन जाय...

राधा और गोविन्द—खोज और खोजी।

११८.

कर्ण...कर्ण अगर सूर्यपुत्र थे (नहीं थे तो बात वहीं ख़त्म है ही) तो वह

निश्चय ही कवच-कुण्डल सहित जन्मे थे। साथ जन्मे, तभी तो वे सूर्य-प्रदत्त कवच-कुण्डल थे; नहीं तो हर योद्धा रोज़ कवच-कुण्डल पहनता ही रहा होगा—उसमें कौन विशेष बात होती? हर दैवी प्रतिभा जन्म से ही कुछ सुरक्षाओं से मढ़ी आती है : वे सुरक्षाएँ धारक को उसकी दिव्य शक्ति से बचाये रहती है—जैसे कि वे शक्ति को धारक की स्वैरता से भी बचाये रखती हैं...ठीक समय पर, नियुक्त सन्धि-क्षण पर, धारक को वरण करना पड़ता है, एक स्वतन्त्र निर्णय करना पड़ता है। और सब दैवी सुरक्षाएँ छोड़कर किया गया निर्णय ही स्वतन्त्र निर्णय होता है : वही वरण होता है। वरण की प्रक्रिया आरम्भ ही होती है सब सुरक्षाएँ त्यागकर अपने को वेध्य बना देने से। वेध्य होकर ही कर्त्ता स्वतन्त्र कर्त्ता होता है और वरण उसका स्वतन्त्र वरण।

कर्ण अपना कवच-कुण्डल दे देता है। इस दान के द्वारा वह अपने को स्वतन्त्र करता है—अपनी नियति का स्वतन्त्र वरण करता है। इसी में उसकी ट्रेजेडी है—इसी दान के द्वारा वह अपनी ट्रेजेडी का रुँधा स्रोत खोल देता है। महादानी कर्ण...जो वह है, वही होना वह स्वेच्छा से न चुने तो वह कुछ नहीं है; लेकिन वही होना चुनते ही वह अपनी नियति की पकड़ में फिर आ जाता है।

आधुनिकता इसमें है कि हम इस चरम स्थिति—संकट को पहचानें। मिथक की इस गहराई का स्पर्श करें। इसमें नहीं कि हम कथा में कतर-ब्योंत करके उसे आधुनिक संवेदन या आधुनिक संशय बुद्धि को स्वीकार्य रूप देना चाहें। मिथक एक कहानी-भर नहीं होता, एक चुनौती होता है। नये समाज कहानी को नया रूप नहीं देते, चुनौती की नयी पहचान करते हैं।

हर मिथक के भीतर एक गुठली होती है, गुठली के भीतर एक शक्ति-बीज। जैसे कर्ण के कवच-कुण्डल सहजन्मा ही हो सकते हैं, वैसे ही गुठली भी मिथक की सहजन्मा होती है, उससे अलग नहीं की जा सकती।

११९.

चरम सुख? वह जीवन रहते कैसे जाना जाये, जबकि सुख और दुःख

और दोनों के अनुभव की अपनी क्षमता का नित्य नया उन्मेष होता ही रहता है ? या कि वैदिक आर्यों की प्रार्थना को आधुनिक रूप देकर कहूँ कि चरम सुख, चरम उपलब्धि यही है कि जीवन के अन्त तक उसके सम्पूर्ण और एकान्त अनुभव की क्षमता बनी रहे...इसका अर्थ ग़लत समझा जा सकता है, इसलिए और कहूँ कि चरम उपलब्धि है डर से मुक्ति। डर है तो 'जीवन का सम्पूर्ण और एकान्त अनुभव' हो नहीं सकता। कैसा भी डर—मृत्यु का डर, जीवन का डर, प्यार का डर, घृणा का डर, ईश्वर का डर...'अभीता नो स्याम' अथवा 'एवा मे प्राण भा विभे:' इससे बड़ी कोई प्रार्थना वैदिक आर्यों ने नहीं की, इससे बड़ा कोई आदर्श नहीं पाया, ऐसी मेरी धारणा है।

१२०.

जिसे तुम प्यार करते हो, या प्यार करने का दावा करते हो, या समझते हो कि प्यार करते हो, उसके निकट तब तक न जाओ जब तक तुम्हारे पास देने को कुछ न हो और देने की उत्कट अभिलाषा न हो।

प्रिय के पास केवल माँग लेकर जाना एक अलग व्यक्तित्व की अवहेलना है, इसलिए असभ्य है, और आनन्द के सच्चे स्रोत की अज्ञता है, इसलिए असंस्कृत है।

विविध : दो

१२१.

सम्पूर्ण मानवीय परिवेश का दर्शन एक समग्र दर्शन है और इस समग्र रूप में ही एक नये राजनीतिक दर्शन की भित्ति बन सकता है। हमारा राजनैतिक कर्म, हमारा सामाजिक कर्म और हमारा नागरिक कर्म सब इस परिवेश के साथ हमारे सम्बन्ध से ही निस्सृत होते हैं; यानी उस परिवेश के साथ जैसा सम्बन्ध हमें वांछित होता है, वही निर्धारित करता है कि हमारा राजनैतिक, सामाजिक अथवा नागरिक कर्म कैसा हो? राजनीति जब शुद्ध सत्ता की एषणा होती है, तब वह न केवल इस सम्बन्ध से निस्सृत होने वाले उत्तरदायित्व की उपेक्षा करती है बल्कि उसका खण्डन भी करती है और विरोध भी।

१२२.

हम लोगों ने मान लिया, और एक बार मान लेने पर फिर अपनी मान्यताओं पर प्रश्नचिह्न लगाना न केवल अनावश्यक समझ लिया बल्कि वैसा करना चाहने को भी एक प्रतिगामी अथवा समाज-विरोधी प्रवृत्ति का लक्षण मान लिया—कि प्रगति, उन्नति, समृद्धि, विकास—सब कुछ का एक मात्र आधार आर्थिक आधार है। वास्तव में ऐसा मानकर एक एकान्ततः आर्थिक होड़ में पड़ जाना ही वह चूहा-दौड़ थी, जिसने न केवल बहुत-से मानव-मूल्यों को उपेक्षणीय बना दिया बल्कि कुछ ऐसी प्रवृत्ति पैदा कर दी कि हम मूल्यों के चिन्तन से ही क्रमशः विमुख होते गये। यहाँ तक कि हम धड़ाधड़ नये क़ानून बनाने के उत्साह में यह भी लगभग भूल गये कि

क़ानून मात्र का आधार कोई नैतिक मानदण्ड होता है। और इसलिए नये क़ानून बनाते या बनने देते समय हमें यह पूछने की भी सुध नहीं रही कि प्रस्तावित क़ानून का नैतिक आधार क्या है। क्या वह केवल तात्कालिक सुविधा या किसी दलगत राजनैतिक हित या किसी तात्कालिक सरकारी लक्ष्य की पूर्ति के लिए बन रहा है, या कि उसकी कोई नैतिक भित्ति भी है? क़ानून क्या न्याय की व्यापक प्रतिष्ठा के लिए है, या कि केवल सत्ता की दृढ़ता प्रतिष्ठा के लिए?

१२३.

जीवन-दर्शन? जीवन-दर्शन क्या उसे कहा जा सकता है? सबसे पहले इतिहास को समझने की वह एक पद्धति है—और अत्यन्त उपयोगी पद्धति है—उससे हमें इतिहास की गतिविधि पर एक नयी दृष्टि मिली है। दूसरे वह एक उपयोगी अर्थ-दर्शन है। समाज की अर्थ-व्यवस्था को समझने में वह सहायक हुआ है, उसके परिवर्तन और सुधार की दिशाओं का संकेत वह देता है। किन्तु जीवन-दर्शन? मैं समझता हूँ कि मार्क्सिज्म के नाम पर जो ज़ुल्म हुआ है, उसकी जड़ में यह भूल है कि उसे व्यापक जीवन-दर्शन मान लिया गया—इतना ही नहीं उसे अन्तिम मान लिया गया स्वयं उसी की शिक्षा के विरुद्ध। जहाँ तक जीवन-दर्शन की बात है मैं समझता हूँ कि एक नये जीवन-दर्शन के विकास में डार्विन की देन कहीं बड़ी थी—और आइनस्टाइन की भी—और फ्रायड की भी।

...

आधुनिक युग का कोई भी सन्तोषजनक जीवन-दर्शन किसी एक व्यक्ति के अवदान पर आधारित नहीं हो सकता। वह कई क्षेत्रों की कई प्रतिभाओं के अवदान का और कई विज्ञानों के शोध की उपलब्धियों का समन्वय माँगता है। आज के अति विशेषीकृत युग में यह समन्वय बहुत कठिन भी हो गया है और इधर प्रयास भी बहुत कम हुआ है—भारत में मानवेन्द्रनाथ राय के और यूरोप में दो-एक छोटे पर निष्ठावान संगठनों के प्रयत्नों को छोड़कर प्राय: हुआ ही नहीं—इसीलिए इस विषय में तरह-तरह की भ्रान्तियाँ फैली हुई हैं। जिनमें एक मुख्य भ्रान्ति यह है कि मार्क्स ने हमें एक पूरा जीवन-दर्शन दिया है, और वह बहुत बड़ा जीवन-दर्शन है। मैं

यह कहना चाहता हूँ कि वह जड़वाद का भी पूरा दर्शन नहीं है बल्कि उसका एक अंग है।

१२४.

सम्पूर्ण निर्दोष लोकतन्त्र अभी दुनिया में कहीं नहीं है, यह ठीक है; उसकी कमियों की आलोचना होनी चाहिए, यह मान लेता हूँ। सम्पूर्ण कम्युनिज़्म भी अभी कहीं नहीं आया है, अत: उसके वर्तमान दोषों से ही उसकी अन्तिम परिणति का मूल्यांकन न किया जाय—तर्क के लिए यह भी मान लेने को तैयार हूँ। पर क्योंकि उसकी अन्तिम परिणति में भी व्यक्ति—स्वातन्त्र्य के लिए जगह न होगी, जबकि लोकतन्त्र के परिवर्तन उसे बढ़ाने—या और संकुचित न करने के प्रति सजग हैं, इसलिए दोनों में लोकतन्त्र की वर्यता प्रमाणित है। कौन अपने घर में क्या करता है, इससे मुझे आवश्यकता से अधिक प्रयोजन नहीं है। सैद्धान्तिक रूप से मैं लोकतन्त्र को कम्युनिज़्म से अच्छा समझता हूँ। और लोकतन्त्र को बुनियादी (रैडिकल) अथवा प्राथमिक (प्राइमरी) रूप दिया जा सके, ऐसी चेष्टा का अनुमोदन करता हूँ। एम.एन. राय के विचारों की यही दिशा थी, विनोबा के विचारों की भी यही है, जयप्रकाश नारायण की भी। तीनों अलग-अलग रास्तों से उधर आये हैं, या आ रहे हैं, उससे क्या! इससे भी क्या कि एक दृष्टि बुद्धिवादी, भौतिकवादी, मानववादी है और दूसरी ईश्वरपरक और अध्यात्मवादी।

१२५.

जब राजनीति केवल सत्ता की साधना है और अर्थशास्त्र केवल वैध लूट, तब क्या ज़रूरी है कि दर्शनशास्त्र भी इस स्थिति की समर्थन-संहिता बनकर रह जाये? क्या सीमाओं का अतिक्रमण ही मानव का चरम कर्तव्य नहीं है! तब फिर क्या दर्शन का धर्म यही नहीं हो जाता कि मानव की अपनी ऐसा कर सकने की—सीमाओं का अतिक्रमण कर सकने की—क्षमता पर प्रत्यय दिलाये?

मानव मात्र की आज की दीनावस्था क्या यान्त्रिकी की विजय का परिणाम

है, या कि दर्शन की पराजय का? मानव क्या दर्शन को फिर उबार सकता है कि दर्शन मानव को उबार सके?

१२६.

युंग तानाशाही से नाराज़ है। मैं भी हूँ : उसे न केवल घृण्य समझता हूँ, यह भी मानता हूँ कि ऩसके विरुद्ध लड़ना चाहिए। पर युंग जब उसे कोसता है और मानव-समाज की मुसीबतों के लिए उस प्रवृत्ति को दोषी ठहराता है, तब उसके मुक़ाबले 'वेस्ट' की वकालत करता है—यानी तानाशाही प्रवृत्ति केवल साम्यवादी राष्ट्रों में है। पर अमेरिका में क्या उस प्रवृत्ति का ज़ोर कम है? इस शुद्ध राजनीतिक तर्क को अभी छोड़ भी दें कि तानाशाही की भित्ति हमेशा सैनिक सत्ता पर होती है और विश्व की राजनीति में अमेरिका ने सर्वत्र सैनिक तानाशाहों का पक्ष लिया है बल्कि उनके बने रहने का कारण भी बनता रहा है (हालाँकि क्यों छोड़ दें?)—व्यापकतर मानसिक भूमि पर ही रहें : (क्योंकि सन्दर्भ युंग का है) क्या अमेरिकी मानस पर सर्वसत्ता अनुशासन का दबाव रूसी मानस की अपेक्षा अधिक ही नहीं है—और नहीं तो इसीलिए कि अमेरिकी समाज अधिक व्यवस्थित है क्योंकि तकनीकी साधनों से अधिक सम्पन्न है? मुझे तो यही दीखा है कि आज साधारण रूसी मानस आज के साधारण अमेरिकी मानस की अपेक्षा स्वस्थतर है—उसमें हिंसा कम है।

कोई चाहे तो यह भी कह सकता है कि अमेरिका में प्रजातन्त्र के कारण ही प्रजा की अपेक्षाएँ बहुत बढ़ी हुई हैं—द स्काइ इज द लिमिट्—इसीलिए उसमें हिंसा अधिक है, थोड़ी-सी भी बाधा से अमेरिकी हिंस्र हो उठता है। जबकि दूसरी ओर रूसी क्योंकि पहले ही से जानता है कि उसकी सीमाएँ क्या है, इसलिए ज़्यादा माँगता नहीं, इसलिए बाधा और हिंस्रता की सम्भावना उतनी नहीं होती। पर यह कुयुक्ति ही होगी। रूसी 'पहले से' क्यों जानता है? अगर उसे डराकर सिखाया गया है तो बाधा और हिंस्रता वहाँ होगी, और अगर व्यक्ति संस्कारवान है इसलिए जानता है तो वह स्वस्थतर है ही।

युंग का ही वाक्य है कि 'जहाँ प्रेम समाप्त हो जाता है वहाँ सत्ता शुरू होती है, और हिंसा, और आतंक'—लेकिन हिंसा अमेरिकी मानस में अधिक

है; आतंक वैसा न हो तो भी ऐसा दबाव और आशंका तो कम नहीं है कि 'अगर हम कुछ भी अलग होंगे तो कहीं के नहीं रहेंगे'। 'बिग ब्रदर इज वाचिंग यू' और 'दे वोन्ट लाइक इट' दोनों दुश्चिन्ताओं में कितना अन्तर है? एकवचन से तानाशाह सूचित होता है, बहुवचन से समाज-सत्ता—पर व्यक्ति-मानस को शिकंजे में कसने वाला तो दोनों सूरतों में व्यक्ति नहीं, एक तन्त्र ही होता है जिसका न रूप है न चेहरा।

१२७.

'आवश्यकता आविष्कार की माँ है'। ठीक है लेकिन एक बार प्रसव हो चुकने के बाद आविष्कार ही आवश्यकता का बाप है। सारी आधुनिक यन्त्र-विधा और उस पर आधारित सभ्यता का पूरा बल इसी पर है कि जहाँ पहले आवश्यकता नहीं थी वहाँ आवश्यकता की ज़रूरत महसूस की जाये। सभ्यता मानो माँग पैदा करने का दूसरा नाम है—अर्थात् भोग की इच्छा ही सभ्यता की एकमात्र प्रेरणा रह गयी है।

१२८.

जी, बात ऐसी है कि हम लोग हिन्दू हैं। हम लोग मांस नहीं खाते—हम लोग शाकाहारी हैं।

...अरे, वो! वे लोग...जी, यह तो है कि वे खा लिये जाते हैं, पर हमारे समाज में एक विशेष चमत्कारी प्रतिभा है न, हम लोग मनुष्य को वनस्पति में परिणत कर देते हैं। ये जो लोग आप देख रहे हैं, ये आधे वनस्पति बन ही चुके हैं, प्रक्रिया पूरी होगी तो एकदम वनस्पति हो जायेंगे। आप सोचिये न, सारा विश्व-प्रपंच एक परिवर्तन की प्रक्रिया है—वनस्पति को पशु खाता है, फिर पशु ही वनस्पति के लिए खाद बन जाता है...इन सब बातों को समझना चाहिए, जल्दी उत्तेजित नहीं हो जाना चाहिए...हम हिन्दू लोग आसानी से उत्तेजित नहीं होते। ये सब लोग—हमारी मिलें और हमारे कल-कारख़ाने इन सबको खा जायेंगे—पीसकर चूर्ण और अवलेह बनायेंगे और उन्हें फौरन वनस्पति में रूपान्तरित कर देंगे—फिर वे वनस्पतियाँ खाने योग्य होंगी और खा ली जायेंगी। यही तो जीवन का क्रम है—यही

प्रक्रिया तो जीवन को धारे हुए है—जो धारे सो धर्म—हम हिन्दू लोग शुद्ध शाकाहारी हैं—शाकाहार से आध्यात्मिक तेज़ बढ़ता है...

१२९.

क्रान्ति की बात करने वाले अधिकतर मतवाद एक तरह का छुआछूत मानते हैं, शुद्धतावादी हैं और हमेशा जिसे वे 'अपना' नहीं समझते उसे दूर रखने पर ज़ोर देते हैं—बहिष्कारवादी हैं। मार्क्सवाद भी ऐसा ही रहा है। राष्ट्रीय स्वयंसेवक संघ भी वैसा ही है। वह क्रान्ति की बात नहीं करता, पर यह बहिष्कारवादी संकीर्णता उसे और कट्टर मार्क्सवादी को बराबर ला खड़ा करती है। इस देश का मूल मनःसंस्कार बहिष्कारवादी नहीं रहा—अब भी नहीं है। जात-पाँत के बावजूद भी अब भी नहीं है। वह दूसरों को निकाल बाहर करके आगे बढ़ना नहीं चाहता—वह सबको साथ लेकर चलना चाहता है। उसके लिए क्रान्ति इसलिए समग्र क्रान्ति ही हो सकती है और होनी चाहिए—ऐसी क्रान्ति जो सबको साथ लेकर चले। क्या यह कहना सही होगा कि भारतीय पद्धति यही होगी, यही हो सकती है?

इस अर्थ में गाँधी पूरे भारतीय थे, और पूरे क्रान्तिकारी थे—वह सदैव सबको साथ लेकर चलना चाहते थे।

लेकिन आज जो प्रश्न है उसका क्या जवाब है—कि जब सब कुछ का राजनैतिकरण हो जाय, और राजनीति भ्रष्ट हो जाय, तब सब कुछ को इस प्रसृत भ्रष्टता से कैसे उबारा जाये?

१३०.

विज्ञापन देखकर ध्यान आया : लड़कियों से घिरे, ख़ूब बने-ठने और एक आत्म-मुग्ध मुस्कान चेहरे पर बिखेरे इस सिगरेट-धारी नौजवान में और गोपियों से घिरे मुरलीधर कृष्ण में एक साम्य है। हो सकता है कि विज्ञापनदाता के मन में कहीं इसकी चेतना रही हो, और अवचेतन पर छपी हुई एक पुरानी छवि का उपयोग उसने सिगरेट बेचने के अपने उद्देश्य के लिए उपयोगी पायी हो। यह भी हो सकता है कि यह सूझ विज्ञापनदाता की

अपनी न हो, चित्रकार की रही हो या उन लोगों की रही हो जिनका काम ही 'इमेज़' बनाना और बेचना है और जो इसके लिए पुराने या अवचेतन में बसे बिम्बों का भरपूर उपयोग करने में इस बात में ज़रा भी नहीं हिचकेंगे कि उन (पुराने) बिम्बों के साथ एक धार्मिक श्रद्धा के संस्कार भी हैं ? बल्कि उन्हें तो अपने उद्देश्य के लिए वह श्रद्धा भी उपयोग्य जान पड़ेगी—सिगरेट के प्रति कोई विरोध का भाव होगा तो वह इस अप्रकट श्रद्धा के सहारे निरस्त हो जायेगा...

नये अमेरिकी साहित्यालोचक जो हमारे देश में अपनी पॉप संस्कृति बेचने आते हैं (और जो इस प्रकार साहित्य के आचार्य न रहकर विज्ञापनदाता के भड़ैत उन्हीं 'इमेज़-मेकर' विशेषज्ञों की कोटि में आ जाते हैं) कह रहे हैं कि ये विज्ञापन नयी 'पूजा-प्रतिमाएँ' हैं : कि नयी भौतिक संस्कृति में ये प्रतिमाएँ ही उस भावना की उत्तराधिकारिणी हैं जो पहले राम, कृष्ण, ईसा, मरियम आदि की प्रतिमाओं अथवा उनके प्रतीकों में निविष्ट की जाती थी। नये प्रतीकों को प्रतीक कहकर वे सन्तुष्ट नहीं हैं, उन्हें आग्रहपूर्वक पूजा-प्रतिमा (आइकन) ही कहना चाहते हैं। मोटरकार भी आज पद का, प्रतिष्ठा का, सत्ता का प्रतीक है, इतना कहना या मनवाना उनके लिए काफ़ी नहीं है। मोटरकार के प्रति उसके स्वामी का वही मनोभाव होता है जो पत्नी या प्रेयसी के प्रति, यह भी नाकाफ़ी है। नहीं, मोटर ही आज देव-प्रतिमा है, देव-मन्दिर है, गिरजाघर है—यही उनका आग्रह है।

पुरानी सब लिखत मिट गयी है, हर पाँच वर्ष में फिर मिटायी जाती है, और सलेट पर नयी लिखत होनी चाहिए, वही सजीव, प्राणवान संस्कृति का आदर्श है, ऐसा वह मनवाना चाहते हैं। पर एक तो पुरानी लिखत मिटती नहीं, वे ख़ुद अच्छी तरह जानते हैं। दूसरे वे स्वयं भी उसे मिटाने के नाम पर उसका अलक्षित प्रयोग करना चाहते हैं : वे चाहते हैं कि नयी लिखत के नीचे से पुरानी लिखत की दबी हुई छवियों का दोहन हो सके, उनके साथ जो गहरे (और श्रद्धामय) संस्कार जुड़े हैं उनका लाभ नयी, सस्ती, चलताऊ (बिक्री का निमित्त बनने वाली और स्वयं बिकाऊ) लिखत को मिल सके...देवता को गिराकर वे अपने मूर्ति-भंजकत्व का रोब भी गाँठना चाहते हैं, उसके लिए प्रशंसा भी पाना चाहते हैं, अपने को नयी जन-संस्कृति का मसीहा भी सिद्ध करना चाहते हैं—और नयी पूजा-प्रतिमा भी प्रतिष्ठित करना चाहते हैं, पुराने पूजा-भाव और श्रद्धा को भी

अपने नये धर्म के पक्ष में दुह लेना चाहते हैं।

पॉप संस्कृति में जन-विद्रोह का अंश बिलकुल नहीं है ऐसा तो नहीं है, पर इश्तहारी सभ्यता कैसे उसके विद्रोह के लिए भी सुरक्षित लीकें बनाकर उसे भी अपने काम में लगा लेती हैं, उससे भी अपने मुनाफ़े की व्यवस्था कर लेती है—ये आचार्य क्या इसे देखते नहीं, या जानते-बूझते उसके दलाल बनते हैं ? धोखे का जाल दूसरों के लिए है या कि स्वयं अपने लिए भी ?

१३१.

पश्चिमी खोपड़ी की उपज कैसे-कैसे करिश्मे हमारे सामने लाती है!

एक तरफ़ तो क्षमता की परिभाषा यह है कि हम ऊर्जा का संरक्षण कैसे करते हैं—किसी भी काम में कम-से-कम ऊर्जा का व्यय करना विकास का लक्षण है।

दूसरी तरफ़ सभ्यता के सारे विकास की नाप यह है कि समाज कितनी तेज़ी से ऊर्जा का व्यय करता है और कर सकता है : कहाँ तीन पत्थरों की ओट में वह चिनगारी सुलगाता था, और कहाँ आज का परमाणु-विस्फोट!

(मेरे तर्क में पोल है, मुझे मालूम है : किसी एक काम में कम-से-कम ऊर्जा, पर असंख्य कामों में विराट ऊर्जा—इसमें कहाँ विरोध है ? पर वह एक छोटा काम पोषण और सम्भरण का, और वे असंख्य काम हत्या और विनाश के—)

१३२.

आधुनिक सभ्यता के खिलौने इस आवश्यकता के दबाव के साथ बहुत कुछ बदले भी हैं और नये खिलौने बहुत दूर तक नये नागरिक के निर्माण में योग दे सकते हैं—खिलौने और खेल उन्हीं प्रवृत्तियों और कौशलों को बढ़ावा देते हैं जो आधुनिक सभ्यता के सन्दर्भ में एक अच्छे नागरिक से अपेक्षित हैं : लेकिन खेद की बात यही है कि आधुनिक सभ्यता भी बहुत महँगी और उपकरणों के भार से लदी हुई है—और उसके खिलौने भी

उतने महँगे हैं, उसके खेल भी उतने जटिल उपकरण माँगते हैं। जातक कथाओं के अनुसार प्राचीनकाल में श्रेष्ठि के बेटे भी धूल में खेल लेते थे और एक व्यापारी के बेटे ने धूल से खेलते हुए ही एक मुट्ठी धूल उठाकर बोधिसत्व को दान दी थी (जिसके कारण कालान्तर में उसे धरती का साम्राज्य मिला)। आज भी प्रौढ़ वय के अधिकतर लोग स्मरण करेंगे कि उनके बचपन में खेलने के लिए लम्बे-चौड़े लवाजमात की कोई ज़रूरत नहीं होती थी और क़स्बों-देहातों में तो बच्चे बिना किसी भी उपकरण के अपने लिए खेल रच लेते थे। या यों कहें कि उस समय के प्रचलित खेल ही ऐसे थे कि उनके लिए साज-सामान की ज़रूरत नहीं पड़ती थी। लेकिन आज? आज के बच्चे को वैसी स्थिति में छोड़ दीजिये तो वह अपने सामने केवल अपने को पाकर घबरा ही जायेगा। लगातार साज-सामान से (या दूसरों से) घिरे रहना उसके लिए मानो अनिवार्य हो गया है—क्या यही अपने आप में आज की सभ्यता पर एक टिप्पणी नहीं है?

१३३.

मैंने इस जीवन में जो भी प्रगति की, वह क्या इससे निरर्थक हो जायेगी कि इस जीवन के अतिरिक्त और कोई जीवन मेरा नहीं है—कि मेरा न पहले जन्म हुआ, न फिर होगा?

क्या उस प्रगति की अर्थवत्ता इससे और कम न हो जायेगी कि यह जीवन एक ऐसी कार्य-धारण-परम्परा की केवल एक कड़ी है, जिसमें मैं जो इस जन्म में करता हूँ वह उससे नियमित होता है जो मैंने पिछले जन्म में किया, और उसे नियमित करता हूँ जो मैं अगले जन्म में करूँगा?

प्रगति क्या मेरी प्रगति है?

अमरत्व क्या मेरा अमरत्व है?

'मेरे' अमरत्व की शर्त से क्या मेरी बुद्धि या मेरा सौन्दर्य-बोध परितुष्ट होता है?

प्रगति क्या हममें, हमारे द्वारा, आद्य की, आद्या शक्ति की, ईश्वर की ही प्रगति नहीं है? क्या हमारा मर्त्य होना, मरणधर्मा होना, इसीलिए नहीं है

कि हमारे द्वारा ईश्वर जीता रह सके?

१३४.

यान्त्रिक उन्नति इसे क्रमश: सुगमतर बनाती जाती है कि मानव अधिकाधिक काम बिना आत्मदान के कर सके।

अर्थात् वह क्रमश: अधिकाधिक मानवों का अकेला होना अधिकाधिक सम्भव बनाती जा रही है, यदि वे यान्त्रिक उन्नति पर ही निर्भर करते हैं।

यान्त्रिक उन्नति अपने आप में दूषित नहीं है। वह मृत्यु को सुगमतर बनाती है, इसका अर्थ यह नहीं है कि वह जीवन को असम्भव बनाती है।

किन्तु यान्त्रिक उन्नति आत्मा को प्रेरणा नहीं देती, और वह प्रेरणा आवश्यक है। उस प्रेरणा के स्रोत की खोज आधुनिक मानव की खोज है।

१३५.

संस्कृति अवकाश का आनन्दमय उपभोग करने की क्षमता है। अवकाश का उपभोग, तनाव से मुक्त शान्त मन:स्थिति माँगता है : बिना शान्ति के अवकाश नहीं है, अवकाश का बोध या स्वीकार नहीं है। अतएव जो अशान्त है, वह सुसंस्कृत नहीं हो सकता। यह क्या समूचे पश्चिम के लिए एक चेतावनी नहीं है?

१३६.

सुख क्या इष्ट है? कहना कठिन है।

समरसता क्या इष्ट है? अवश्य। सुख तो उसकी खोज की एक आनुषंगिक उपलब्धि है।

समरसता की पहली शर्त है आत्मचेतना से मुक्ति। इस मुक्ति के दो साधन हो सकते हैं; एक तो मृत्यु, दूसरा गहरा राग।

पश्चिमी दृष्टि सभ्यता के नाम पर राग को नियन्त्रित करना चाहती है, और जीवन-प्रेम के नाम पर मृत्यु की चेतना को दबा देना चाहती है।

भारतीय दृष्टि राग को पूजा के आसन पर प्रतिष्ठित करती है और मृत्यु

को गहरे सत्य के रूप में स्वीकार करती है।

१३७.

पश्चिम का एक संक्षिप्त इतिहास :

ईसा को किसने मारा?

— ईसाई जाति ने।

ईसाइयत को किसने मारा?

— ईसाई राष्ट्रों ने।

पूर्व का एक संक्षिप्त इतिहास :

करुणा आदर्श थी किन्तु दुख जब केवल एक भ्रम है तो करुणा देना क्या भ्रान्ति फैलाना न होता?

स्वाधीन तो आत्मा है, और वह अनश्वर भी है; फिर दासता के विरोध में प्रवृत्त होना क्या शक्ति का अपव्यय न होता?

हमारे भाई गिरते रहे, पर वे पिछले जन्म के पापों का फल भोग रहे थे।

हम भी गिरते रहे, पर हम अगले जन्मों के लिए पुण्य-संचय कर रहे थे।

१३८.

मेरा अनुमान है कि औसत यूरोपीय के प्रतिदिन छह-सात घण्टे तो पैरों पर खड़े-खड़े बीतते हैं—अधिक भी हों तो अचम्भा नहीं। फिर वह खड़े रहना चाहे घर पर नाश्ता बनाते समय का खड़ा रहना हो, चाहे ट्राम-बस में दफ़्तर जाने का खड़ा होना, चाहे सिनेमा के टिकट के लिए क़तार का खड़े होना और चाहे खाते-पीते समय का खड़े होना—क्योंकि प्रायः दिन में एक बार ही बैठकर भोजन किया जाता होगा।

ऐसा क्यों है? यन्त्रों ने इतनी सुविधा दी है सो क्या केवल खड़े होने के लिए? हाँ, यन्त्र ने साधन बहुत दिये हैं, मार्ग बहुत खोले हैं : हर व्यक्ति को यह दिखा दिया है कि वह तनिक और लपके तो कुछ और पा लेगा,

तनिक और तेज़ चले तो कहीं पहुँच जायेगा! और इसलिए सारा जीवन लपककर कुछ पा लेने का, दौड़कर कहीं पहुँच जाने का एक अन्तहीन प्रयास हो गया है। यदि आकांक्षा की प्रेरणा से ही ऐसा होता तो भी कुछ बात थी—भारतीय दर्शन कहता है कि आकांक्षा का अन्त नहीं है, पर पश्चिम का अहं की तृप्ति का गहरा सन्तोष मिलता रहता। पर बहुत-से यूरोपीय पहचानने लगे हैं कि आकांक्षा की प्रेरणा से भी बलवती निरे यन्त्र की अनिवार्यता होती जा रही है : दौड़ इसलिए नहीं है कि दौड़ना चाहते हैं, इसलिए है कि रुक नहीं सकते। अहं की पुष्टि के लिए बनायी गयी मशीन ऐसी हावी हो गयी है कि वह व्यक्ति को ही कुचले दे रही है, वह अपने को अधिकाधिक नगण्य पाता हुआ दौड़ रहा है, दौड़ रहा है और दौड़ता हुआ भी क्रमशः और नगण्य होता जा रहा है। अस्तित्ववाद के नाम पर यूरोप में जो कुछ आया, सब स्वस्थ नहीं था, पर जो स्वस्थ था, उसके मूल में इसी अकिंचनत्व का साहसपूर्ण साक्षात्कार था, और मानव की इस परिस्थिति से उबरने के मार्ग की खोज। सार्त्र का 'मतली का दर्शन' केवल 'न कुछ' के आतंक की छटपटाहट है जो ग्लानि उत्पन्न करती है, पर गेब्रिएल मार्सेल और कार्ल यास्पर्स का दर्शन आधुनिक यूरोपीय चिन्तन की मौलिकता और साहस का प्रमाण है। यास्पर्स से मेरी भेंट और मनोरंजक बातचीत भी हुई थी; उनसे हाथ मिलाते ही लगा था कि चारों ओर छायी अशान्ति के बीच यह व्यक्ति शान्त, स्थिर और अचंचल है—कि उसने कुछ पाया है। कहना न होगा कि यूरोप में ऐसा अनुभव बार-बार नहीं हुआ।

१३९.

म्युनिख़ के होटल के गलियारे में स्टीफ़ेन स्पेंडर से अचानक मुठभेड़ हो गयी। बदहवास दीख रहे थे। दोनों ही ओर के 'तुम यहाँ कैसे?' के बाद (स्पेंडर बबेरिया सरकार के अतिथि होकर आये हुए थे और उनकी बड़ी आवभगत हो रही थी,) मैंने परेशानी का कारण पूछा तो बोले, 'मुझे कुछ ऐसा लग रहा है कि मुझे बनाया जा रहा है।' मुझे याद आया, कई बरस पहले बम्बई में एक दूसरे अवसर पर भी स्पेंडर ने इससे मिलती-जुलती बात और भी ज़ोरदार शब्दों में मुझसे कही थी : "आई हैव एन अन कम्फर्टेबल फ़ीलिंग आइ'म बीइंग मेड ए स्टूज ऑफ़, बट आई डोन्ट नो बाई हूम!"

पता नहीं स्पेंडर अपनी परेशानी का हल अभी तक जान पाये हैं या नहीं। पर बात उनकी शायद आज के बौद्धिक की वास्तविक स्थिति का अच्छा-ख़ासा चित्र प्रस्तुत कर देती है : कि यह अस्वस्तिभाव तो आपके मन में है कि आपके निमित्त से कोई अपना उल्लू सीधा कर रहा है, पर यह समझ में नहीं आता कि कौन! तीस-एक बरस पहले उनके लँगोटिया साथी ऑडेन ने अपने समय के बौद्धिक की नियति का जो चित्र खींचा था—'टु डिफेन्ड द बैड अगेंस्ट द वर्स'—उससे स्पेंडर की स्थिति ज़्यादा दर्दनाक पर शायद ज़्यादा सच भी है। ऑडेन को काम अगर रद्दी जान पड़ता था तो कम-से-कम पता तो था कि क्या उससे अपेक्षित है! आज के बौद्धिक की समस्या यह नहीं है कि उसे 'अच्छा' चुनने की स्वतन्त्रता नहीं, केवल बदतर और बद के बीच चुनाव करने-भर की उसे छूट है। उसकी समस्या यह है कि वह यही जानने को स्वतन्त्र नहीं है कि उससे क्या चुनवाया जा रहा है—कि जिस मत-पत्र पर उससे हस्ताक्षर कराये जा रहे हैं उस पर क्या लिखा है यह उसे नहीं जानने दिया गया है।

परिणाम? वही 'अनकम्फर्टेबल फीलिंग'—लेकिन बौद्धिक महोदय, आप करेंगे क्या?

१४०.

शारदीया धूप। धूप का एक वृत्त जिसके भीतर की आलोक भरी शान्ति ने मुझे घेर लिया है और जो मुझे घुमा-फिराकर उसी एक स्थल पर ले आती है। यात्रारम्भ करते ही हमारे सामने कई मार्ग खुल जाते हैं, विभिन्न और प्रतिकूल दिशाएँ विशद हो जाती हैं। कई मार्ग हैं, लेकिन किसको चुनकर हम शान्ति पाते हैं, यह भी मूलतः हमारी मनोदिशा पर ही निर्भर है! अर्थात् अन्ततोगत्वा शान्ति मनोदशा ही है और मन के बाहर से नहीं, मन से उत्पन्न होती है।

पत्तियों पर झूलती हुई तीसरे पहर की धूप इससे भिन्न किसी परिणाम की अनुमति नहीं देती। बल्कि मानो बाहर से मेरे दान में यह भी कहती है कि यह परिणाम भी पूरा-पूरा सही नहीं हो सकता क्योंकि वास्तव में शान्ति मनोदशा भी नहीं है। वह होने की ही एक दशा है। और होना क्या है

इसको हम न केवल बाहर से बाँध सकते हैं न केवल आभ्यन्तर से। न वह दोनों के सम्बन्ध भर से बँध सकता है। वह एक बहुत बड़ी इकाई है—नहीं, एक बहुत छोटी इकाई जिसमें बड़ी-बड़ी इकाइयाँ डूब जाती हैं। वैसी ही इकाई जैसी यह छोटी-सी पत्ती और इस पर झूलती हुई शारदीय तीसरे पहर की धूप।

कवितांश

१४१.

इस कोलाहल भरे जगत में भी एक कोना है जहाँ प्रशान्त नीरवता है।

इस मानुष-भरे जगत में भी एक जगह धूल की मुट्ठी है जो मन्दिर है।

मेरे इस आस्थाहीन नास्तिक हृदय में भी एक स्रोत है जिससे भक्ति ही उमड़ा करती है।

जब मैं तुम्हें 'प्रियतम' कहकर सम्बोधित करता हूँ तब मैं जानता हूँ कि मेरे भी धर्म है।

१४२.

तिनका? तेरे हाथों में है अमर एक रचना का साधन—तिनका? तेरे पंजे में है विधना के प्राणों का स्पन्दन!

काँप न, यद्यपि दसों दिशा में तुझे शून्य नभ घेर रहा है
रुक न, यदपि उपहास जगत का तुझ को पथ से हेर रहा है;

तू मिट्टी था, किन्तु आज मिट्टी को तूने बाँध लिया है,
तू था सृष्टि, किन्तु स्रष्टा का गुर तूने पहचान लिया है!

१४३.

ओ पिया, पानी बरसा!
घास हरी हुलसानी
मानिक के झूमर-सी झूमी मधु-मालती
झर पड़े जीते पीत अमलतास
चातकी की वेदना बिरानी।
बादलों का हाशिया है आसपास—
बीच लिखी पाँत काली बिजली की—
कूँजों की डार, कि असाढ़ की निशानी!
ओ पिया, पानी!
मेरा जिया हरसा।

१४४.

भोर बोला। सिंची छत से ओस की तिप् तिप्! पहाड़ी काक की विजन
को पकड़ती-सी क्लान्त बेसुर डाक—
'हाक्! हाक्! हाक्!'

मत सँजो यह स्निग्ध सपनों का अलस सोना—
रहेगी बस एक मट्ठी ख़ाक!
'थाक्! थाक्! थाक्!'

१४५.

अहं! अन्तर्गुहावासी! स्वरति! क्या मैं चीन्हता कोई न
दूजी राह? जानता क्या नहीं निज में बद्ध होकर है नहीं निर्वाह?
क्षुद्र नलकी में समाता है कहीं बेथाह
मुक्त जीवन की सक्रिय व्यंजना का तेज़-दीप्त प्रवाह!
जानता हूँ। नहीं सकुचा हूँ कभी समवाय को देने स्वयं का दान,
विश्व-जन की अर्चना में नहीं बाधक था कभी इस व्यष्टि का अभिमान!
कान्ति अणु की है सदा गुरु-पुंज का सम्मान।

१४६.

यह हमारा साँप
जो फुँकारता है, और वह फुँकार
मेरी नहीं होती
किन्तु फिर भी हम न जाने क्यों
मान लेते हैं कि जो फुँकारता है, वह
घिनौना हो,
हमारा साँप है।

वह तुम्हारा साँप—
तुम्हें दीक्षा मिली है सब घृण्य है फूत्कार हिंसा के
किन्तु जब वह उगलता है भाप ज़हरीली,
तुम्हें रोमांच होता है—
तुम्हारा साँप जो ठहरा!

१४७.

इसलिए तुम प्यार लो मेरा—कि वह तो है! प्यार है—निधि।
नहीं है तो मैं नहीं हूँ। किन्तु जो मिट गये उनका प्यार ही तो प्यार है।

प्यार लो मेरा—उसी में चाँदनी है। उसी में तुम
उसी में बीते हुए सब प्यार भी हैं।
नहीं है तो मैं नहीं हूँ—जो कि उन सबको कभी भूला नहीं हूँ।
मुझे सब कुछ याद है।

१४८.

आज अगर मैं जगा हुआ हूँ अनिमिष—
आज स्वप्न-वीथी से मेरे पैर अटपटे भटक गये हैं—
तो वह क्यों? इसलिए कि आज प्रत्येक स्वप्नदर्शी के आगे गति से अलग
नहीं पथ की पाते कोई!
अपने से बाहर आने को छोड़ नहीं आवास दूसरा।
भीतर—भले स्वयं साँईं बसते हों।
पिया-पिया की रटना! पिया न जाने आज कहाँ हैं :
सूली पर जो सेज बिछी है, वह—वह मेरी है!

१४९.

आओ बैठो : क्षणभर तुम्हें निहारूँ।
अपनी जानी एक-एक रेखा पहचानूँ
चेहरे की, आँखों की-अन्तर्मन की

और—हमारी साझे की अनगिन स्मृतियों की :
तुम्हें निहारूँ,
झिझक न हो कि निरावना दबी वासना की विकृति है!

धीरे-धीरे
धुँधले में चेहरे की रेखाएँ मिट जायें—
केवल नेत्र जगें : उतनी ही धीरे
हरी घास की पत्ती-पत्ती भी मिट जाये लिपट झाड़ियों के पैरों में
और झाड़ियाँ भी घुल जावें क्षिति-रेखा के मृसण ध्वान्त में,
केवल बना रहे विस्तार—हमारा बोध मुक्ति का,
सीमाहीन खुलेपन का ही।

१५०.

गगन में मेघ घिर आये।

तुम्हारी याद
स्मृति के पिंजड़े में बाँधकर मैंने नहीं रक्खी,
तुम्हारे स्नेह को भरना पुरानी कुप्पियों में स्वतत्व की
मैंने नहीं चाहा।

गगन में मेघ घिरते हैं
तुम्हारी याद घिरती है।
उमड़कर विवश बूँदें बरसती हैं—
तुम्हारी सुधि बरसती है।
न जाने अन्तरात्मा में मुझे यह कौन कहता है
तुम्हें भी यही प्रिय होता। क्योंकि तुमने भी निकट से दुःख जाना था।

दुःख सबको माँजता है

और—चाहे स्वयं सबको मुक्ति देना वह न जाने, किन्तु—
जिनको माँजता है
उन्हें यह सीख देता है कि सबको मुक्त रखें।

१५१.

आज हम शहरातियों को
पालतू मालंच पर सँवरी जुही के फ़ूल से
सृष्टि के विस्तार का—ऐश्वर्य का—औदार्य का—
कहीं सच्चा, कहीं प्यारा एक प्रतीक
बिछायी घास है
या शरद की साँझ के सूने गगन की पीठिका पर दोलती कलगी अकेली
बाजरे की।

और सचमुच, इन्हें जब-जब देखता हूँ
यह खुला वीरान संसृति का घना हो सिमट आता है—
और मैं एकान्त होता हूँ समर्पित।

१५२.

द्वीप हैं हम।
यह नहीं है शाप। यह अपनी नियति है।
हम नदी के पुत्र हैं। बैठे नदी के क्रोड़ में।
वह वृहद भूखण्ड से हमको मिलाती है।
और वह भूखण्ड अपना पितर है।

नदी, तुम बहती चलो।

भूखण्ड से जो दाय हम को मिला है, मिलता रहा है,
माँजती, संस्कार देती चलो।

१५३.

हवा से सिहरती है पत्तियाँ—किन्तु झरने के लिए।
उमँगती हैं छालियाँ
किसी दूर कछार पर खाकर पछाड़े फिर बिखरने के लिए!

मरणधर्मा है सभी कुछ किन्तु फिर भी बहो, मीठी हवा,
जीवन की क्रियाओं को तुम्हीं तो तीव्र करती हो।

१५४.

बावरे अहेरी रे
कुछ भी अवध्य नहीं तुझे, सब आखेट है :
एक बस मेरे मन-विवर में दुःख की कलौंस को
दुबकी ही छोड़कर क्या तू चला जायगा?
ले, मैं खोल देता हूँ कपाट सारे
मेरे इस खण्डहर की शिरा-शिरा छेद दे आलोक की कनी से अपनी,
गढ़ सारा ढाह कर ढूह भर कर दे :
विफल दिनों की तू कलौंस पर माँज जा
मेरी आँखें आँज जा
कि तुझे देखूँ
देखूँ और मन में कृतज्ञता उमड़ आये
पहनूँ सिरोपे-से ये कनक-तार तेरे—
बावरे अहेरी।

१५५.

फूल को प्यार करो पर झरे तो झर जाने दो,
जीवन का रस लो, देह-मन-आत्मा की रसना से
पर जो मरे उसे मर जाने दो।
जरा है भुजा तितीर्षा की : मत बनो बाधा—
जिजीविषा को तर जाने दो।

आसक्ति नहीं, आनन्द है सम्पूर्ण व्यक्ति की अभिव्यक्ति :
मरूँ मैं, किन्तु मुझे घोषित यह कर जाने दो।

१५६.

तुम्हारी देह
मुझको कनक-चम्पे की कली है,
दूर ही से स्मरण में भी गन्ध देती है।
(रूप स्पर्शातीत वह जिसकी लुनाई कुहासे-सी चेतना को मोह ले।)

तुम्हारे नैन
पहले भोर की दो ओस-बूँदें हैं
अछूती, ज्योतिमय, भीतर द्रवित।
(मानो विधाता के हृदय में जग गयी हो भाप करुणा की अपरिमित।)

तुम्हारे होंठ
पर उस दहकते दाड़िम-पुहुप को
मूक तकता रह सकूँ मैं—
(सह सकूँ मैं ताप ऊष्मा का मुझे जो लील लेती है।)

१५७.

यह वह विश्वास, नहीं जो अपनी लघुता में भी काँपा,
वह पीड़ा, जिसकी गहराई को स्वयं उसी ने नापा;
कुत्सा, अपमान, अवज्ञा के धुँधुआते कड़ुवे तम में
यह सदा-द्रवित, चिर-जागरूक, अनुरक्त-नेत्र,
उल्लम्ब-बाहु, यह चिर-अखण्ड अपनापा।
जिज्ञासु, प्रबुद्ध, सदा श्रद्धामय, इसको भक्ति को दे दो :
यह दीप, अकेला, स्नेह भरा
है गर्व भरा मदमाता, पर इसको भी पंक्ति को दे दो।

१५८.

शब्द, यह सही है, सब व्यर्थ हैं
पर इसीलिए कि शब्दातीत कुछ अर्थ हैं।
शायद केवल इतना ही : जो दर्द है
वह बड़ा है, मुझसे ही सहा नहीं गया।
तभी तो, जो अभी और रहा, वह कहा नहीं गया।

१५९.

पर तुम—
नभ के तुम कि गुहा-गह्वर के तुम, मोम के तुम, पत्थर के तुम—
तुम किसी देवता से नहीं निकले :
तुम मेरे साथ मेरे ही आँसू में गले, मेरे ही रक्त पर पले
अनुभव के दाह पर क्षण-क्षण उकसती
मेरी अशान्ति चिता पर तुम मेरे ही साथ जले।

तुम—
तुम्हें तो भस्म हो मैंने फिर अपनी भभूत में पाया।
अंग रमाया
—तभी तो पाया
खोज में जब निकल ही आया
सत्य तो बहुत मिले—एक ही पाया।

१६०.

झरोखे में से बहती हवा का एक झोंका इतराता आता है
और इतिहास के पन्नों को उड़ाता चला जाता है
दिक् चक्रवाल से सिमटकर चाँदनी झरोखे से झरती हुई
बिभोर-सी जम जाती है।
जमी हुई चाँदनी के झलमलाते ताजमहल के नीचे
बागड़ियों के झोपड़ों के छप्पर उभर आते हैं
जिनके खर के आरी सरीखे किनारे मानो आँखों की कोरों को
चीर जाते हैं—
और छप्पर की छत पर बैठी एक भैंस पागुर कर रही है
इतिहास के पन्नों पर पगुराती हुई भैंस की आँखों में
इतिहास के और पन्ने हैं
और उनमें इतराती हुई बहकी हवाओं के दूसरे झोंके।

१६१.

एक दिन जब
हाय! पहली बार!—
जानूँगा कि जीवन

जो कभी हारा नहीं था, हारता ही किसी से जो नहीं,
अपने से चला अब हार!

एक दिन—उस दिन—जिसे अपनी पराजय भी
दे सकूँगा समुद्र, निःसंकोच

उसी को आज अपना गीत देता हूँ।

१६२.

एक मृषा जिसमें सब डूबे हुए हैं—
क्योंकि एक सत्य जिससे सब ऊबे हुए हैं।
एक तृषा जो मिट नहीं सकती इसलिए मरने नहीं देती;
एक गति जो विवश चलाती है इसलिए कुछ करने नहीं देती।
स्वातन्त्र्य के नाम पर मारते हैं मरते हैं
क्योंकि स्वातन्त्र्य से डरते हैं।

१६३.

कहा सागर ने : चुप रहो
मैं अपनी अबाधता जैसे सहता हूँ, अपनी मर्यादा तुम सहो।
जिसे बाँध तुम नहीं सकते
उसमें अखिन्न मन बहो।
मौन भी अभिव्यंजना है : जितना तुम्हारा सच है उतना ही कहो।
कहा नदी ने भी : नहीं मत बोलो,
तुम्हारी आँखों की ज्योति से अधिक है चौंध जिस रूप की
उसका अवगुंठन मत खोलो

दीठ से टोह कर नहीं, मन के उन्मेष से
उसे जानो : उसे पकड़ो मत, उसी के हो लो।
कहा आकाश ने भी : नहीं शब्द मत चाहो।
दाता की स्पर्द्धा हो जहाँ, मन होता है मँगते का।
दे सकते हैं वही जो चुप, झुककर ले लेते हैं।
आकांक्षा इतनी है, साधना भी लाये हो?
तुम नहीं व्याप सकते, तुम में जो व्यापा है उसी को निबाहो।

१६४.

बूँद स्वाती की भले हो, बेधती है मर्म सीपी का उसी निर्मम त्वरा से
वज्र जिससे फोड़ता चट्टान को
भले ही फिर व्यथा के तम में बरस पर बरस बीतें
एक मुक्ता-रूप को पकते।

१६५.

जीवन। वह अब भी है।
विकिरित प्रकाश की किरणें
रंग-बिरंगी
अनथक नाच रही कच-टुकड़े के
हर स्तर पर।

हम बार-बार गहरे उतरे—
कितना गहरे!—पर
जब-जब जो कुछ भी लाये

उससे बस
और सतह पर भीड़ बढ़ गयी।

सतहें—सतहें—
सब फेंक रही हैं लौट-लौट
वह कौंध
जिसे हम भर न रख सके
प्याले में :

छिछली उथली घनी चौंध से अन्ध
घूमते हैं हम
अपने रचे हुए
मायावी उजियाले में

१६६.

यह नहीं कि मैंने सत्य नहीं पाया था
यह नहीं कि मुझको शब्द अचानक कभी-कभी मिलता है :
दोनों जब-तब सम्मुख आते ही रहते हैं।
प्रश्न यही रहता है :
दोनों जो अपने बीच एक दीवार बनाये रहते हैं
मैं कब, कैसे, उनके अनदेखे
उसमें सेंध लगा दूँ
या भरकर विस्फोटक
उसे उड़ा दूँ?
कवि जो होंगे हों, जो कुछ करते हैं करें,
प्रयोजन मेरा बस इतना है :
ये दोनों जो
सदा एक-दूसरे से तन कर रहते हैं,

कब, कैसे, किस आलोक-स्फुरण में
इन्हें मिला दूँ—
दोनों जो हैं बन्धु, सखा, चिर सहचर मेरे।

१६७.

ओ तू पगली आलोक-किरण,
सूअर की खोली के कर्दम पर बार-बार चमकी,
पर साधक की कुटिया को वज्र-अछूता
अन्धकार में छोड़ गयी?

१६८.

अंकुरित धरा से क्षमा
व्योम से झरी रुपहली करुणा।

सरि, सागर, सोते-निर्झर-सा
उमड़े जीवन :
कहीं नहीं है मरना।

१६९.

हम निहारते रूप,
काँच के पीछे

हाँफ रही है मछली।

रूप-तृषा भी
(और काँच के पीछे)
है जिजीविषा।

१७०.

मैं देख रहा हूँ
झरी फूल से पँखुरी
—मैं देख रहा हूँ अपने को ही झरते।

मैं चुप हूँ :
वह मेरे भीतर वसन्त गाता है।

१७१.

हे महाबुद्ध!
मैं मन्दिर में आयी हूँ
रीते हाथ
फूल मैं ला न सकी।

औरों का संग्रह
तेरे योग्य न होता।

जो मुझे सुनाती
जीवन के विह्वल सुख-क्षण का गीत—

खोलती रूप-जगत के द्वार जहाँ
तेरी करुणा
बुनती रहती है
भव के सपनों, क्षण के आनन्दों के
रह! सूत्र अविराम—
उस भोली मुग्धा को
कँपती डाली से विलगा न सकी।

१७२.

मैंने देखा :
एक बूँद सहसा
उछली सागर के झाग से :
रंगी गयी क्षण भर
ढलते सूरज की आग से।

मुझको दीख गया :
सूने विराट के सम्मुख
हर आलोक-छुआ अपनापन
है उन्मोचन
नश्वरता के दाग़ से!

१७३.

कुछ क्षण का वह उदय-अस्त!
केवल एक प्रज्वलित क्षण की

दृश्य सोख लेने वाली दोपहरी।
फिर?
छायाएँ मानव-जन की
नहीं मिटीं लम्बी हो-होकर :
मानव ही सब भाप हो गये।
छायाएँ तो अभी लिखी हैं
झुलसे हुए पत्थरों पर
उजड़ी सड़कों की गच पर।

मानव का रचा हुआ सूरज
मानव को भाप बना कर सोख गया
पत्थर पर लिखी हुई यह
जली हुई छाया
मानव की साखी है।

१७४.

अर्थ हमारा
जितना है, सागर में नहीं
हमारी मछली में है
सभी दिशा में सागर जिसको घेर रहा है
हम उसे नहीं
वह हमको टेर रहा है।

१७५.

शब्द गये थे बिखर, फटी छीमी से जैसे
फटकर खो जाते हैं बीज
अनयना रवहीना धरनी में
होने को अंकुरित अजाने—
तब—जाने कब—
चिड़िया ने ही कहा
कि 'चिड़िया'
चिड़िया ने ही देखा
वह चिड़िया थी।
चिड़िया
चिड़िया नहीं रही है तब से :
मैं भी नहीं रहा मैं।
कवि हूँ!
कहना सब सुनना है, स्वर केवल सन्नाटा।

१७६.

उसी एकान्त में घर दो
जहाँ पर सभी आवें :
वही एकान्त सच्चा है
जिसे सब छू सकें।
मुझको वही वर दो
उसी एकान्त में घर दो
कि जिसमें सभी आवें—
मैं न आऊँ
नहीं मैं छू भी सकूँ जिसको
मुझे ही जो छुए, घेरे समो ले।

१७७.

संगीतकार
वीणा को धीरे से नीचे रख, ढँक—मानो
गोदी में सोये शिशु को पालने डालकर मुग्धा माँ
हट जाय, दीठ से दुलराती—
उठ खड़ा हुआ।
बढ़ते राजा का हाथ उठा करता आवर्जन,
बोला :
"श्रेय नहीं कुछ मेरा :
मैं तो डूब गया था स्वयं शून्य में—
वीणा के माध्यम से अपने को मैंने
सब कुछ को सौंप दिया था—
सुना आपने जो वह मेरा नहीं;
न वीणा का था :
वह तो सब कुछ की तथता थी।"

१७८.

मैंने कहा : प्यार? उधार?
स्वर अचकचाया था, क्योंकि मेरे
अनुभव से परे था ऐसा व्यवहार।
उस अनदेखे अरूप ने कहा : "हाँ,
क्योंकि ये ही सब चीज़ें तो प्यार हैं—
यह अकेलापन, यह अकुलाहट,
यह असमंजस, यह अचकचाहट,
आर्त अननुभव
यह खोज, यह द्वैत, यह असहाय
विरह-व्यथा

यह अन्धकार में जागकर सहसा पहचानना कि
जो मेरा है वही ममेतर है।''

१७९.

चुक रहा हूँ मैं।
स्वयं जब चुक चलूँ
तब भी बच रहे जो बात—
(बात ही तो रहेगी!)
उसी को कहूँ :
यह सम्भावना—
यह नियति—कवि की
सहूँ।
उतना भर कहूँ :
—इतना कर सकूँ
जब तक चुकूँ।

१८०.

ओ मेरी सह-तितीर्षु,
हमीं तो सागर हैं
जिसके हम किनारे हैं क्योंकि जिसे हमने
पार कर लिया है।

ओ मेरी सहयायिनि,
हमीं वह निर्मल तलदर्शी वापी हैं
जिसे हम ओक-भर पीते हैं—

बार-बार, तृषा से, तृप्ति से, आमोद से, कौतुक से,
क्योंकि हमीं छिपा वह उत्स हैं जो उसे
पूरित किये रहता है।

ओ मेरी सहधर्मा,
छू दे यह मेरा कर : आहुति दे दूँ—
ओ मेरी अतृप्त, दुःशम्य धधक, मेरी होता,
ओ मेरी हविष्यान्न,
आ तू, मुझे खा
जैसे मैंने तुझे खाया है
प्रसादवत्।

१८१.

वह कैसे होती यात्रा
जो पहुँचाकर चुक जाती?
झूठा होगा वह तीर्थ
सरोवर, नदी, महासागर का जो न किनारा भर होता।
जहाँ से अपने ही संकल्प
न बन जाते ललकार
नये अनजाने पानी में घुसने की।

१८२.

आज बोधि का धीमा स्वर सुना :
तीर्थों में न भी हो पानी

—या मन्दिरों में श्रद्धा, या देवता में सता—
पर यात्रा में एक बात तो तूने पहचानी :
कि तीर्थों को तेरी ही तितीर्षा गढ़ती रही।
मन्दिरों में कहाँ कुछ होता है ?
तेरी ही गति वहाँ पूजा पर चढ़ती रही,
वही है मन्दिर का ऐश्वर्य, वही श्रद्धा की भी,
मूर्ति की भी अर्थवत्ता।

पग-पग पर तीर्थ हैं
मन्दिर भी बहुतेरे हैं;
तू जितनी करे परिकम्मा, जितने लगा फेरे
मन्दिर से, तीर्थ से, यात्रा से,
हर पग से, हर साँस से
कुछ मिलेगा, अवश्य मिलेगा
पर उतना ही जितने का तू है अपने भीतर से दानी।

१८३.

भोर : चोरी से नहीं, अनजाने, अचानक
मैंने तुम्हें झरने पर देखा।
आह! ऐसे घुलते हैं तार सोने के,
ऐसे मँजता है कुन्दन!
ऐसे, मानो ओस के प्रभा-मण्डल से घिरा हुआ
पार की धूप में चमक उठता है
सवेरे का फूल!
अरे ओ ढीठ पवन, मत कँपा इस वल्ली को
नयी धूप में विकसने दे—
छोटी-छोटी लहरों को
मूँगे की-सी झाँईं देते

पाँवों की छाँव में मेरा मन बसने दे।
(झील की कोखों से जहाँ झाँकते थे
भाप के सोना-मढ़े छल्ले
वहाँ अब मँडराता है घना नीला कुहरा...)

हिम-शिखर की तलहटी में
निर्जन झुरमुट,
बीच में तिरछी किरणों-बुना आसन :
आसपास साँस रोके-सा झुटपुट।
एक लय है ऊपर, पत्तियों के मर्मर की
एक लय भीतर, घनी, तीव्रतर साँसों की—
कैसा है यह संगीत जो पहले कभी सुना नहीं।
सुनो! नहीं, अभी नहीं—सुना तो
सब दूसरा हो जायेगा।

१८४.

रोज़ सबेरे मैं थोड़ा-सा अतीत में जी लेता हूँ—
क्योंकि रोज़ शाम को मैं थोड़ा-सा भविष्य में मर जाता हूँ।

१८५.

नहीं तो और क्या है प्यार
सिवा यों
अपनी ही हार का अमोघ दाँव किसी को सिखाने के—
किसी के आगे
चरम रूप से वेध्य हो जाने के?

१८६.

काल की गदा
एक दिन
मुझ पर गिरेगी।

गदा
मुझे नहीं भायेगी :
पर उसके गिरने की नीरव छोटी-सी ध्वनि
क्या काल को सुहायेगी?

१८७.

यों मत छोड़ दो मुझे, सागर,
कहीं मुझे तोड़ दो, सागर,
कहीं मुझे तोड़ दो।

१८८.

इसीलिए तो
जिनका इतिहास होता है
उनके देवता हँसते हुए नहीं होते :
कैसे हँस सकते?
और जिनके देवता हँसते हुए होते हैं
उनका इतिहास नहीं होता :
कैसे हो सकता?

इसी बात को लेकर
मुझे आज हँसना चाहिए...

१८९.

जो पुल बनायेंगे
वे अनिवार्यत:
पीछे रह जायेंगे
सेनायें हो जायेंगी पार
मारे जायेंगे रावण
जयी होंगे राम;
जो निर्माता रहे
इतिहास में
बन्दर कहलायेंगे।

१९०.

उस रोशनी में उन खम्भों के बीच उस रस्सी पर
असल में मैं नाचता नहीं हूँ।
मैं केवल इस खम्भे से उस खम्भे तक दौड़ता हूँ
कि इस या उस खम्भे से रस्सी खोल दूँ
कि तनाव चुके और ढील में मुझे छुट्टी हो जाये—
पर तनाव ढीलता नहीं
और मैं इस खम्भे से उस खम्भे तक दौड़ता हूँ
पर तनाव वैसा ही बना रहता है
सब कुछ वैसा ही बना रहता है।

और वही मेरा नाच है जिसे सब देखते हैं
मुझे नहीं
रस्सी को नहीं
खम्भे नहीं
रोशनी नहीं
तनाव भी नहीं
देखते हैं—नाच!

१९१.

यों मुझे मिले वह
खुला गिरा मोर-पंख का किरीट,
वैजयन्ती माल स्रस्त
छूटी पड़ी बाँसुरी,
मलिनाते पैरों के सूक्ष्म घाव से निकल रेंग रहा
सृपी शुभ्र, आयु-शेष :
आह, मुझे इस भेस मिले
नारायण :
मेरे ही बाण से विद्ध!

१९२.

क्या यही है पुरुष की नियति
कि बार-बार लोभ-वश
—किन्तु जो जीवन-कर्म है (जो नियति है!)
उसे कैसे माना जाय लोभ?—

जाना मृग की टोह में
और मर्माहत कर आना
युग-युग के मृगांक को!

कौन शरविद्ध हुआ, कृष्ण?
तुम, मेरे नारायण, कि मैं
नियति का अभागा आखेट, अहेरी में!

१९३.

जहाँ सुख है
वहीं हम चटक कर
टूट जाते हैं बारम्बार
जहाँ दुखता है
वहाँ पर एक सुलगन
पिघलाकर हमें
फिर जोड़ देती है।

१९४.

चाहता हूँ कि मुझे मैं
एक-दूसरे साँचे में ढालूँ।
पर भट्ठी तो तुम्हारी है।
इस पुरानी मूर्ति को
गला दोगे?
गलाई क्या लोगे?
—मूर्ति!

१९५.

जिस ठण्डे सीलन-भरे घेरे में
लोग ठिठुरते मरते हैं
वह मन्दिर की गीली छाँह का है
देवता के घर के कारण
देवता की धूप उन्हें कभी नहीं मिलती।

१९६.

हर आनन्द
चिता की लकड़ियाँ भी
स्वयं काँधे बाँध
लाता है
इसी से वह
मृत्यु से भी मुक्त
निज अस्तित्व पाता है!

१९७.

मैं पीछे मुड़कर देखूँगा और तुम्हारे प्राण
चुक जायेंगे। मेरा गायन (और मेरा जीवन)
इसमें है कि तुम हो, पर तुम्हारे प्राण
इसमें है कि मैं गाता रहूँ और बढ़ता जाऊँ
और मुड़कर न देखूँ। कि यह विश्वास
मेरा बना रहे कि तुम पीछे-पीछे आ रही हो

कि मेरा गीत
तुम्हें मृत्यु के पाश से मुक्त करता हुआ
प्रकाश में ला रहा है।

प्रकाश! तुम में नहीं है प्रकाश
प्रकाश मुझमें भी नहीं है।
प्रकाश गीत में है। पर नहीं
प्रकाश गीत में भी नहीं है; वह इस विश्वास में है
कि गीत से प्राण मिलते हैं।

१९८.

जो पत्थर हो जायेगा।
वह मारा जायेगा।
पर जो पत्थर नहीं होगा।
जो साथ लायेगा।
उस संगीत-मण्डी, आलोक-खची प्रतिमा को,
वह भी मारा जायेगा!
कौन सह सकता है इतना आलोक
इतनी प्रतीति!
इतनी प्रीति!

१९९.

घर मेरा कोई है नहीं
घर मुझे चाहिए :

घर के भीतर प्रकाश हो
इसकी भी मुझे चिन्ता नहीं है;
प्रकाश के घेरे के भीतर मेरा घर हो—
इसी की मुझे तलाश है।
ऐसा कोई घर आपने देखा है?
देखा हो तो मुझे भी उसका पता दें
न देखा हो
तो मैं आपको भी
सहानुभूति तो दे ही सकता हूँ
मानव होकर भी हम-आप
अब ऐसे घरों में नहीं रह सकते
जो प्रकाश के घेरे में है
पर हम
दो घरों की परस्पर हमदर्दी के
घेरे में तो रह ही सकते हैं!

२००.

अच्छी बात नहीं है
पिताओं के बारे में सोचना।

अपनी कलई खुल जाती है।

हम कुछ दूसरे हो सकते थे।
पर सोच की कठिनाई यह है कि दिखा देता है
कि हम कुछ दूसरे हुए होते
तो पिता के अधिक निकट हुए होते
अधिक उन जैसे हुए होते।

कितनी दूर जाना होता है पिता से
पिता जैसा होने के लिए!

२०१.

वह अपने दर्द पर हँसता है
हम सहम जाते हैं कि कहीं वह हँसी भी
हमारी पहचानी हुई तो नहीं है?
पहचान से सहमना—
सहमने की पहचान से झिझकना
हमारा गूँगापन है
नहीं तो हम
उसकी हँसी से क्यों सहमते?

उद्धरण-अनुक्रम

संस्कृति

१. केन्द्र और परिधि, पृ. २९०, संस्करण १९८४

२. वही, पृ. ३०७

३. आत्मनेपद, पृ. २५७; संस्करण १९६०

४. भवन्ती, पृ. २७; संस्करण १९७२

५. अन्तरा, पृ. २४; संस्करण १९७५

६. आत्मनेपद, पृ. १००; संस्करण १९६०

७. वही, पृ. १००

८. वही, पृ. १०१

९. वही, पृ. १०१

१०. वही, पृ. २५१

११. शेषा, पृ. ३४; संस्करण १९९५

१२. केन्द्र और परिधि, पृ. ३२०; संस्करण १९८४

१३. वही, पृ. १११-११२

१४. वही, पृ. ११९

१५. वही, पृ. ९९

१६. वही, पृ. ४-५

१७. वही, पृ. ४७

१८. स्मृतिच्छन्दा, पृ. २६; संस्करण १९८९

१९. वही, पृ. २८

२०. वही, पृ. ९९

२१. वही, पृ. ११८

२२. संवत्सर, पृ. ६२; संस्करण १९७८

२३. वही, पृ. ६७

२४. भवन्ती, पृ. १०३; संस्करण १९७२

२५. वही, पृ. ९६

२६. केन्द्र और परिधि, पृ. २९९-३००; संस्करण १९८४

२७. वही, पृ. ३२२

२८. सर्जना और सन्दर्भ, पृ. २१३; संस्करण १९८५

२९. संचयिता : अज्ञेय, पृ. ४०८; संस्करण २००१

३०. आत्मपरक, पृ. ३५९; संस्करण १९८३

३१. अन्तरा, पृ. २३-२४; संस्करण १९७५

३२. वही, पृ. ११२

३३. वही, पृ. ११३

३४. वही, पृ. ११९

३५. शाश्वती, पृ. २९; संस्करण १९७९

३६. वही, पृ. ३०

३७. वही, पृ. ७४-७५

३८. वही, पृ. ९३-९४

३९. शेषा, पृ. २५; संस्करण १९९५

४०. वही, पृ. ३९

४१. वही, पृ. ८८

४२. केन्द्र और परिधि, पृ. ६३-६४; संस्करण १९८४

४३. वही, पृ. ७०

४४. वही, पृ. २६८

४५. वही, पृ. ३४७

स्वाधीनता : सामाजिकता

४६. केन्द्र और परिधि, पृ. १०५; संस्करण १९८४

४७. वही, पृ. १०४

४८. वही, पृ. १७९-८०

४९. वही, पृ. १६२

५०. वही, पृ. १७८

५१. शेखर : एक जीवनी, द्वितीय खण्ड, पृ. ६३; संस्करण १९६१

५२. नदी के द्वीप, पृ. २१; संस्करण १९६०

५३. अपने-अपने अजनबी, पृ. ६०; संस्करण १९६१

५४. भवन्ती, पृ. ५१-५२; संस्करण १९७२

५५. वही, पृ. ६६

५६. वही, पृ. १३७

५७. अन्तरा, पृ. ३५; संस्करण १९७५

५८. वही, पृ. ६५

५९. शाश्वती, पृ. ३८; संस्करण १९७९

६०. केन्द्र और परिधि, पृ. २३९-४०; संस्करण १९८४

भाषा : साहित्य

६१. केन्द्र और परिधि, पृ. ११; संस्करण १९८४

६२. वही, पृ. ३३

६३. वही, पृ. ९२-९३

६४. वही, पृ. १३६-१३८

६५. शाश्वती, पृ. ८८-८९; संस्करण १९७९

६६. शेषा, पृ. ५४; संस्करण १९९५

६७. वही, पृ. ५५

६८. वही, पृ. ७७-७८

६९. सर्जना और सन्दर्भ, पृ. १८; संस्करण १९८५

७०. वही, पृ. ९४

७१. वही, पृ. १६६-६७

७२. वही, पृ. २०१

७३. स्मृतिच्छन्दा, पृ. ७७; संस्करण १९८९

७४. वही, पृ. ११५

७५. वही, पृ. १२५-२६

७६. भवन्ती, पृ. २७; संस्करण १९७२

७७. वही, पृ. २३

७८. वही, पृ. ६३-६४

७९. वही, पृ. ६७-६८

८०. वही, पृ. ७०-७१

८१. वही, पृ. ८३-८४

८२. अन्तरा, पृ. २६-२७; संस्करण १९७५

८३. वही, पृ. ११३-१४

८४. शाश्वती, पृ. १६-१७; संस्करण १९७९

८५. वही, पृ. ११६

८६. सर्जना और सन्दर्भ, पृ. २२०-२२; संस्करण १९८५

८७. वही, पृ. ३७३-७४

८८. स्मृतिच्छन्दा, पृ. ६५-६६; संस्करण १९८९

८९. वही, पृ. ८७

९०. वही, पृ. १३१

विविध : एक

९१. शेखर : एक जीवनी (प्रथम भाग), पृ. ८; संस्करण १९६१

९२. वही, पृ. २७

९३. वही, पृ. २९

९४. नदी के द्वीप, पृ. ७१; संस्करण १९६०

९५. वही, पृ. ७७

९६. वही, पृ. १६०

९७. वही, पृ. २६२

९८. वही, पृ. ३३४

९९. वही, पृ. ३३५

१००. वही, पृ. ३३६

१०१. अपने-अपने अजनबी, पृ. १७-१८; संस्करण १९६१

१०२. वही, पृ. ३७

१०३. वही, पृ. ५१

१०४. वही, पृ. ५३

१०५. वही, पृ. ६७

१०६. वही, पृ. १०१-२

१०७. वही, पृ. १०९

१०८. वही, पृ. ११०-११

१०९. वही, पृ. ११२

११०. वही, पृ. १२६-२७

१११. भवन्ती, पृ. १५; संस्करण १९७२

११२. वही, पृ. ४५

११३. वही, पृ. १३३

११४. वही, पृ. १३९

११५. अन्तरा, पृ. ११६-१७; संस्करण १९७५

११६. शाश्वती, पृ. ७४; संस्करण १९७९

११७. वही, पृ. ८४-८५

११८. शेषा, पृ. १८-१९; संस्करण १९९५

११९. आत्मपरक, पृ. १९१; संस्करण १९८३

१२०. वही, पृ. २३१

विविध : दो

१२१. केन्द्र और परिधि, पृ. १५१; संस्करण १९८४

१२२. वही, पृ. १५६

१२३. आत्मपरक, पृ. १८८-८९; संस्करण १९८३

१२४. वही, पृ. १८८

१२५. भवन्ती, पृ. ८४; संस्करण १९७२

१२६. वही, पृ. १०३-४

१२७. शाश्वती, पृ. ७५; संस्करण १९७९

१२८. वही, पृ. ७८

१२९. वही, पृ. १२२-२३

१३०. शेषा, पृ. ३७-३९; संस्करण १९९५

१३१. वही, पृ. ८१

१३२. केन्द्र और परिधि, पृ. २८६-८७

१३३. आत्मपरक, पृ. २३३

१३४. वही, पृ. २३२

१३५. एक बूँद सहसा उछली, पृ. ३१७; संस्करण १९६०

१३६. वही, पृ. ३१८

१३७. वही, पृ. ३२२

१३८. वही, पृ. २९

१३९. भवन्ती, पृ. १२-१३

१४०. आत्मपरक, पृ. २१९

कवितांश

१४१. सदानीरा भाग-एक, पृ. २४; संस्करण १९८६

१४२. वही, पृ. १७४-७५

१४३. वही, पृ. १९९

१४४. वही, पृ. २१०

१४५. वही, पृ. २१२

१४६. वही, पृ. २१८

१४७. वही, पृ. २२७

१४८. वही, पृ. २३१

१४९. वही, पृ. २३७

१५०. वही, पृ. २३८

१५१. वही, पृ. २४१

१५२. वही, पृ. २४२

१५३. वही, पृ. २४७

१५४. वही, पृ. २५४

१५५. वही, पृ. २५८

१५६. वही, पृ. २५९

१५७. वही, पृ. २६२

१५८. वही, पृ. २६३

१५९. वही, पृ. २६६

१६०. वही, पृ. २७२-७३

१६१. वही, पृ. २९२

१६२. वही, पृ. २९३

१६३. वही, पृ. २९५

१६४. सदानीरा भाग-एक, पृ. ३०५; संस्करण १९८६

१६५. वही, पृ. ३०९

१६६. वही, पृ. ३१५

१६७. वही, पृ. ३१५

१६८. सदानीरा, भाग-दो, पृ. २०; संस्करण १९८६

१६९. वही, पृ. २३

१७०. वही, पृ. २४

१७१. वही, पृ. २८-२९

१७२. वही, पृ. ४३-४४

१७३. वही, पृ. ६५

१७४. वही, पृ. ७१

१७५. वही, पृ. ७२

१७६. वही, पृ. ९७-९८

१७७. वही, पृ. ११७

१७८. वही, पृ. १२१

१७९. वही, पृ. १३१

१८०. वही, पृ. १३८

१८१. वही, पृ. १४५

१८२. वही, पृ. १६७

१८३. वही, पृ. १७६-७७

१८४. वही, पृ. २०३

१८५. वही, पृ. २१२

१८६. वही, पृ. २३५

१८७. वही, पृ. २६०

१८८. वही, २६७-६८

१८९. वही, पृ. ३०७

१९०. सदानीरा भाग-दो, पृ. ३३२; संस्करण १९८६

१९१. वही, पृ. ३३६

१९२. वही, पृ. ३९१

१९३. ऐसा कोई घर आपने देखा है, पृ. ११, संस्करण १९८६

१९४. वही, पृ. १७

१९५. वही, पृ. ३४

१९६. वही, पृ. ४४

१९७. वही, पृ. ४९

१९८. वही, पृ. ५७

१९९. वही, पृ. ६६

२००. वही, पृ. ७४-७५

२०१. वही, पृ. ७६